国 家 文 物 局

主 编

中 国

重要考古发现

文物出版社

2022 · 5

图书在版编目（CIP）数据

2021 中国重要考古发现 ／ 国家文物局主编 ． —— 北京：
文物出版社，2022.5

ISBN 978-7-5010-7486-0

Ⅰ．① 2… Ⅱ．①国… Ⅲ．①考古发现－中国－
2021 Ⅳ．① K87

中国版本图书馆 CIP 数据核字 (2022) 第 057799 号

2021 中国重要考古发现

主　　编：国家文物局

责任编辑：吴　然
　　　　　戴　茜

英文翻译：潘　攀

书籍设计：特木热

责任印制：张　丽

出版发行：文物出版社

社　　址：北京市东城区东直门内北小街 2 号楼

邮　　编：100007

网　　址：http://www.wenwu.com

经　　销：新华书店

印　　刷：北京荣宝艺品印刷有限公司

开　　本：787mm×1092mm　1/16

印　　张：13

版　　次：2022 年 5 月第 1 版

印　　次：2022 年 5 月第 1 次印刷

书　　号：ISBN 978-7-5010-7486-0

定　　价：98.00 元

National Cultural
Heritage Administration

MAJOR ARCHAEOLOGICAL
DISCOVERIES IN

Cultural Relics Press
Beijing 2022

协作单位

中国社会科学院考古研究所

中国科学院古脊椎动物与古人类研究所

河北省文物考古研究院

山西省考古研究院

大同市考古研究所

内蒙古文物考古研究院

吉林省文物考古研究所

浙江省文物考古研究所

江西省文物考古研究院

山东省文物考古研究院

河南省文物考古研究院

洛阳市文物考古研究院

湖南省文物考古研究所

重庆自然博物馆

四川省文物考古研究院

云南省文物考古研究所

西藏文物保护研究所

陕西省考古研究院

西安市文物保护考古研究院

西北大学文化遗产学院

甘肃省文物考古研究所

青海省文物考古研究所

宁夏文物考古研究所

目 录 CONTENTS

前 言 PREFACE

2021 年，中国考古学迎来百年华诞。习近平总书记 2021 年 10 月 17 日在致仰韶文化发现和中国现代考古学诞生 100 周年的贺信中指出，100 年来，几代考古人筚路蓝缕、不懈努力，取得一系列重大考古发现，展现了中华文明起源、发展脉络、灿烂成就和对世界文明的重大贡献，为更好认识源远流长、博大精深的中华文明发挥了重要作用。

2021 年，在党和国家的高度重视下，考古事业蓬勃发展。国务院办公厅印发《“十四五”文物保护和科技创新规划》，文物领域规划首次上升为国家级专项规划。中央和地方考古机构编制保障有效加强，国家重点地区考古标本库房列为国民经济和社会发展“十四五”规划重点任务，考古学纳入国家关键领域急需高层次人才培养专项。“考古中国”“中华文明起源与早期发展综合研究”等重大项目课题统筹推进，241 项主动性考古项目有序实施。“先考古、后出让”政策进一步落实，1388 项基本建设考古项目抢救保护历史文化遗产，有力服务经济社会发展大局。广大考古工作者克服新冠疫情影响，取得了一系列重要新发现、新成果，实现“十四五”良好开局。

旧石器考古与人类起源研究取得新成果。四川稻城皮洛遗址发现了目前世界上海拔最高的阿舍利技术产品，突破国际学术界关于“莫维斯线”的传统认知；定日苏热遗址是西藏南部首个系统发掘的旧石器时代遗址，为研究早期人类在青藏高原的生活繁衍提供了坚实的年代学依据；吉林和龙大洞遗址揭露出目前东北亚地区最早的石叶和细石叶遗存；沂水跋山遗址发现大量石、骨工具与人类活动遗迹，进一步深化中国北方乃至东亚地区现代人起源与发展研究。

区域文明起源与进程研究获得新进展。南阳黄山遗址大型中心性聚落显示出南北文化交流融合特点，是豫西南地区社会复杂化和文明化进程的关键资料；甘肃庆阳南佐遗址、张家川圪垯川遗址显示出陇东地区在文明起源进程中的重要地位；山东滕州岗上遗址发现了大汶口文化城址与大型墓地，深入揭示海岱地区社会复杂化历史进程；湖南澧县鸡叫城遗址发现的多重环壕、大型木构建筑和大量谷糠堆积，反映了长江中游高度发达的史前稻作文明；西藏康马玛不错遗址发现新的考古学文化，对探索人类适应高寒缺氧极端环境等问题意义重大。

夏商周三代文明与早期国家研究又有新收获。四川广汉三星堆遗址祭祀区新发现 6 座祭祀坑，丰富了三星堆遗址文化内涵，实证古蜀文化是中华文明的重要组成部分；陕西宝鸡周原遗址发现并确认了西周时期的城址，推动周代都城聚落遗址考古迈入新阶段；云南晋宁古城村遗址系统揭示商周时期贝丘遗址聚落形态，青海都兰夏尔雅玛可布遗址发现诺木洪文化居址与大型墓地，拓展了我国西南、西北等地区青铜时代考古研究的广度与深度。

中华文明多元一体格局又添新实证。汉代帝陵地望研究取得新突破，西安东郊白鹿原江村大墓确认为西汉汉文帝霸陵，洛阳百草坡东汉陵园基本确认为东汉汉桓帝宣陵。内蒙古苏尼特右旗吉呼郎图匈奴墓群、甘肃武威唐吐谷浑王族墓葬、西藏拉萨当雄墓地、陕西靖边清平堡遗址等，以更加丰富翔实的资料阐释了汉唐时期丝绸之路、唐蕃古道、长城沿线多民族交往交流交融的历史，筑牢中华民族共同体意识。

这些重要发现，展示了从旧石器时代到明清时期，绚丽多彩、源远流长、博大精深的中华文明风采，是 2021 年考古工作的突出代表，也是中国考古百年光辉历程的一个缩影。2022 年是中国考古学迈向第二个百年奋斗目标的开局之年，全体考古人将坚守初心使命、传承百年荣光，开启新的百年征程，共同谱写考古事业发展新篇章，为实现中华民族伟大复兴的中国梦作出新的更大贡献。

吉林和龙大洞遗址
2021年发掘收获

EXCAVATION RESULTS OF THE DADONG SITE IN HELONG, JILIN IN 2021

大洞遗址位于吉林省延边朝鲜族自治州崇善镇大洞村东南约 1.5 公里，地理坐标为北纬 43°5′20.4″，东经 128°57′20.9″，海拔 637 米。遗址所在区域位于中朝界河图们江上游左岸，西南距长白山天池主峰约 75 公里。该区域为长白山火山喷发形成的熔岩台地，地势平缓开阔，高出图们江水面约 50 米，适宜人类活动。

2007 年，吉林大学边疆考古研究中心在长白山地区进行野外考察时发现了该遗址，同年进行了试掘，地表采集和出土大量石制品，初步判断其属于旧石器时代晚期的细石叶工业类型，推测该遗址为一处规模宏大的工具制造场。2010 年，吉林省文物考古研究所对大洞遗址进行了主动性考古发掘，发掘区位于遗址东北部，发掘面积 50 平方米，出土石制品 1300 余件。遗址可分为上、下两个文化层，其中下文化层年代为距今 2.6 万～2.55 万年，是目前东北亚地区含细石叶技术遗址中最早的测年数据。2019 年，吉林省文物考古研究所对大洞遗址开展了区域性系统调查工作，进一步确认其主要包括 1 个核心分布区和 9 处外围采集点。核心分布区的面积约为 50 万平方米，外围打制石制品地点 9 处，其中图们江左岸 5 处、红旗河沿岸 4 处，总体分布在约 4 平方公里的范围内，是东北亚地区目前发现的规模最大的旧石器时代晚期旷野遗址。

2021 年，为准确认识大洞遗址的文化特点，

建立高分辨率的年代框架与环境背景，在国家文物局"考古中国"重大研究项目的支持下，吉林省文物考古研究所对该遗址进行了主动性考古发掘。发掘区位于 2010 年发掘区西南约 500 米，东距熔岩台地边缘约 20 米。发掘工作历时 3 个月，累计发掘面积 70 平方米，其中主探方发掘面积 62 平方米，4 处探沟发掘面积 8 平方米。本次发掘采用自然层与水平层相结合的方式进行，发掘全程进行测绘和三维数据采集，提取了全部长逾 1 厘米遗物的三维坐标，按探方和水平层留存土样，对全部沉积物进行水洗，最大限度地提取沉积物中的微小遗物。广泛开展多学科合作，对遗址周边开展了地质环境调查，采集了大量年代学和环境学样品，开展了沉积物 DNA 和土壤微形态的分析工作以及石制品的微痕迹与残留物分析工作。

通过发掘，在主探方内共发现自然地层 5 个，所有层位均出土石制品。第①层为表土层。第②层为灰黑色黏土层，包含大量石制品，属于上文化层。第③层为黄褐色黏土层，包含大量石制品，属于中文化层。第④层为粉沙层，包含较少石制品，属于下文化层。第⑤层为粗沙层，未见石制品。本年度发掘区内地层堆积的分布变化较大，发掘区北部地层堆积较为连续，深度多逾 2 米，南部地层堆积较浅，大部分探方内缺失第②、③层，个别位置不足 0.3 米即可见到底部玄武岩。通过对不同自然层内发现的炭屑进行 ^{14}C 测年，确认上文化层的年代约为距今 1.5 万年，中文化层年代为距今 2.6 万～2 万年，下文化层年代约为距今 4 万年。

出土各类遗物 8104 件，其中石制品 8102 件、动物化石 2 件。表土层出土 5219 件，上文化层出土 1068 件，中文化层出土 1038 件，下文化层出土 779 件。水洗筛出未编号遗物逾 3 万件。不同文化层出土石制品的工业面貌不同，但因出土遗物较多，仍需进一步加以整理分析。初步观察表明，石制品原料以黑曜岩为主，少见石英岩、角页岩、凝灰岩、玄武岩等。石制品尺寸普遍偏小，偶见大型石制品，如石锤、石核、砍砸器等。在上文化层发现的 2 件黑曜岩石核，原型为河流砾石，石皮比例逾 70%，直径大于 15 厘米，表明河漫滩或砾石层中的黑曜岩砾石是大洞遗址黑曜岩原料的重要来源。在剥片类石制品中，发现有锤击石核、砸击石核、石叶石核、细石叶石核以及大量普通石片、石叶、细石叶和更新石片等，其

发掘区北壁地层堆积（南—北）
Stratigraphic Accumulation of in the North Wall of the Excavation Area (S-N)

发掘区第②层（南—北）
Layer 2 of the Excavation Area (S-N)

发掘区第④层（南—北）
Layer 4 of the Excavation Area (S-N)

砥石石核
Gravel Cores

石叶
Stone Blade

石叶石核
Stone Blade Core

两面器与石锤
Double-sided Object and Hammerstone

石制品
Stone Products

中2件更新石片，是棱柱状石叶石核在更新台面过程中产生的，其所反映的台面与剥片面信息，充分证明大洞遗址拥有技术成熟、形态规整的棱柱状石叶石核。在细石叶石核中，以两面器为毛坯的楔形细石核仅零星发现于上文化层，大量细石叶石核采用的是以石叶为毛坯，利用雕刻器打法开发石叶侧边的技术，这种细石核产生的细石叶多略有扭曲。工具类型包括边刮器、端刮器、雕刻器、尖状器、两面器、琢背小刀、砍砸器等，其中以雕刻器数量最多、类型最为丰富，大体可分为修边斜刃雕刻器和修台面直刃雕刻器两种。不同文化层均发现有石制品在某一区域密集分布的现象，但未发现火塘等遗迹。

大洞遗址出土了数量巨大、类型多样、特点鲜明的石制品，首次揭示了连续三期旧石器时代晚期文化遗存，年代跨度近3万年。其中，下文化层年代约为距今4万年，存在明确的石叶技术遗存和雕刻器等工具类型，是长白山地区目前发现年代最早的旧石器时代晚期遗存；中文化层横跨整个末次冰盛期，是目前东北亚地区最早的细石叶技术遗存。上文化层则反映了末次冰盛期之后的石器工业变化。这些考古发现，为石叶和细石叶技术在东北亚

地区的起源与扩散研究提供了全新的视角，也为了解末次冰盛期前后气候转型阶段古人类的适应行为的变化提供了极为宝贵的考古学材料。吉林东部长白山地区具有独特的区位优势，近年来通过调查与发掘发现了一大批旧石器时代晚期遗址，而大洞遗址的考古发掘，为今后长白山地区古人类遗址调查与研究树立了标尺，对东北地区旧石器与古人类文化迁徙和交流研究具有重要意义。

（供稿：徐廷）

带有更新石叶石核台面的石片
Stone Flake Produced When Reforming the Striking Platform of the Stone Blade Core

石叶
Stone Blades

雕刻器
Burins

端刮器
End Scrapers

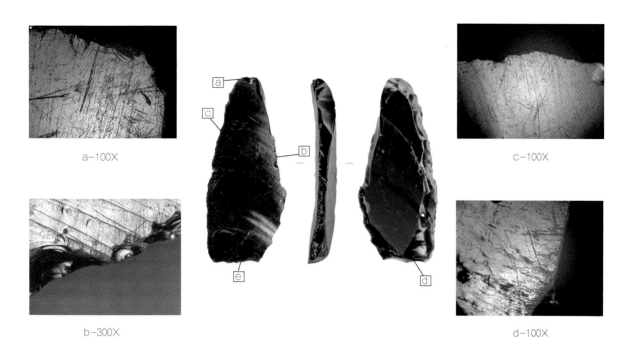

a–100X

c–100X

b–300X

d–100X

e–100X

雕刻器微痕迹分析
Use–wear Analysis of the Burin

The Dadong Site is located in Dadong Village, Chongshan Town, Helong City of the Yanbian Korean Autonomous Prefecture in Jilin Province. It distributed over 4 million sq m with a core area of about 500,000 sq m, making it the largest wildness site of the late Paleolithic Age in Northeast Asia so far. In 2021, the Jilin Provincial Institute of Cultural Relics and Archaeology excavated 50 sq m of the site, unearthed more than 8,000 stone products, and confirmed three cultural layers of the late Paleolithic Age. The site ages 40000 BP to 15000 BP, featuring stone products with obsidian as the primary raw material, distinctive blade and microblade techniques, and rich tool types. It is of great value to study the dissemination and diffusion of the blade and microblade techniques in Northeast Asia and how archaic humans adapted to extreme environments in the late Paleolithic Age.

山东沂水跋山遗址 2021 年发掘收获

EXCAVATION RESULTS OF THE BASHAN SITE IN YISHUI, SHANDONG IN 2021

跋山遗址位于山东省沂水县河奎村，北距山东省第三大水库——跋山水库约 300 米。所在区域为鲁中南地区、沂蒙山腹地低山丘陵区，此处曾发现旧石器时代早期的南洼洞遗址、西水旺遗址，以及旧石器时代晚期的宅科遗址等。因跋山遗址文化堆积临靠溢洪闸下游河道，2020 年 7 月水库调洪放水冲蚀文化层致化石出露后被发现。2021 年 4~6 月，山东省文物考古研究院对遗址进行了抢救性考古发掘。出土文化遗物十分丰富，包括石制品、动物化石以及一定数量的骨制品。结合初步测年数据、遗址地貌及所在位置判断，该遗址的年代属于旧石器时代中期。

本次发掘面积约 55 平方米，分为南、北两区，二者高差 3.5 米。遗址整个地层堆积厚逾 8 米，可分为 14 层，现已清理至北区第④层中部及南区第⑧层底部。因常年受水流侵蚀，遗址未保存完整连续的剖面，但南北发掘区剖面可以衔接起来，构成一个距今 10 万~6 万年的较为完整的文化堆积层。北区包括文化层上部堆积，主要为第①~⑤层，堆积厚 4.1 米，出土石制品，未见动物化石。南区北剖面可见第⑤~⑧层，其中第⑧层出土古菱齿象臼齿及门齿、披毛犀下颌骨及大量石制品。

在发掘区内布设 6 条探沟（TG1~TG6），清理主剖面、辅助剖面各 3 个。TG2~TG4 为南北向，初步清理至底沙层（仅水面上部分，未及底），初步判断下文化层为河流阶地底砾层及上覆河沼相静水沉积环境形成的堆积。通过对 TG2 的发掘，初步探明第⑨~⑭层堆积情况。第⑩~⑫层是以粉砂为主的细小堆积物沉积。第⑬层为角砾层，包含丰富的文化遗物，包括石制

第⑧层
Layer 8

TG2、TG3
Ditches TG2 and TG3

品和大型哺乳动物化石。第⑭层为底砾层，未见底。结合探方和探沟情况可知每个层位都包含石制品。至少3个文化层出土动物化石。探沟内或其南邻小区域内均有象牙出土。TG2出土古菱齿象白齿及用古菱齿象门齿修制而成的大型铲形器各1件，铲形器形制规整，长53.5、宽7.5厘米，较为罕见。通过铀系法及光释光两种测年方法对铲形器和同地层土样进行测定，年代数据分别为距今9.9万年和10.4万年，绝对年代数据与文化遗物所在层位的地貌位置及同层石器技术特征基本吻合。TG3南邻区域约4平方米范围内，出土古菱齿象下颌骨3件及保存完好的股骨化石1件，周边散落大量石英制品及原始牛、赤鹿等动物化石。TG4出土象门齿。

揭露人类活动面1个及用火遗迹3处。出土、采集石制品及动物化石5000余件。石制品类型十分丰富，包括锤击石核、砸击石核、盘状石核及对应石片，工具可见石球、刮削器、砍砸器、尖状器、钻及锯齿形器等。石料绝大多数为脉石英，产自距此2公里处的西跋山。整个文化层尚未经系统采样、测年，目前数据来自上、中、下三个文化层位的典型出土遗物及土样，采用光释光和铀系法测年方法获得，初步年代数据范围为距今10万～6万年。

跋山遗址是目前山东地区发现的文化内涵最为丰富的旧石器时代中期遗址。遗址地层堆积较厚，文化时代跨度大，表明该地曾经古人类反复利用和长时间占有。出土的石制品及动物化石数量丰富，种类多样，且包含以骨、角、牙等制作的工具。遗址中可能存在多个古人类活动面，并存在用火痕迹和肢解动物等人类行为。

跋山遗址的发现填补了山东及中国北方地区旧石器时代考古的空白。尤其是以古菱齿象骨骼为主的动物化石与大量石制品间杂分布，为复原、研究晚更新世中晚期古人类对遗址的利用情况及生计方式提供了极为重要的考古学材料。古人类选取居址位置既临近河流，又靠近石料产地，显示出十分明确的择优意识。同时，从目前掌握的动物种属来看，跋山遗址与华北地区典型晚更新世动物群——爪村动物群极为相近，所含动物种类似较后者更为多样。

遗址年代为距今 10 万～6 万年，最下文化层时代尚无测年数据。因此，跋山遗址所处文化时段关键，地质埋藏堆积过程复杂而丰富，为认识中国及东亚现代人出现与发展提供了非常关键的新证据，对回答晚更新世中晚期山东地区的自然环境变化以及末次冰期东亚现代人起源、迁徙等国际热点问题具有重要的学术价值。山东地区处于独特的地理区位，生物多样性明显，在解释东亚人扩散问题方面具有其他区域无法替代的地位和作用。

遗址沉积环境为河流相堆积，属于沂河 II 级基座阶地，基座为古生代石灰岩，可见韵律清晰的二元结构。部分以粉砂为基质的文化层为原地埋藏的可能性极大，保留的古人类活动信息应更为丰富。最下部底砾层及上覆河沼相静水沉积环境是古人类首次利用的活动面，初步判定为古人类对大型哺乳动物的狩猎、屠宰、肢解场所。数量丰富的人工制品，反映了古人类在生存策略和行为活动方面具有计划性和前瞻性。同时以象牙铲为代表的骨器的制作和使用为探讨现代人行为模式提供了极为重要的实物资料。

跋山遗址是山东省境内少有的极具研究价值的旧石器时代遗址，在建立中国北方乃至东亚地区旧石器时代文化发展序列、复原早期人类发展史，特别是探索现代人起源与发展等方面具有巨大研究潜力。

（供稿：李罡　孙波　颜世全　尹纪亮）

下文化层古人类活动面
Occupation Floor of Archaic Human in the Lower Cultural Layer

上文化层出土披毛犀下颌
Woolly Rhinoceros's Mandible Unearthed from the Upper Cultural Layer

鹿角出土情况
Deer Antler in Situ

石核出土情况
Stone Core in Situ

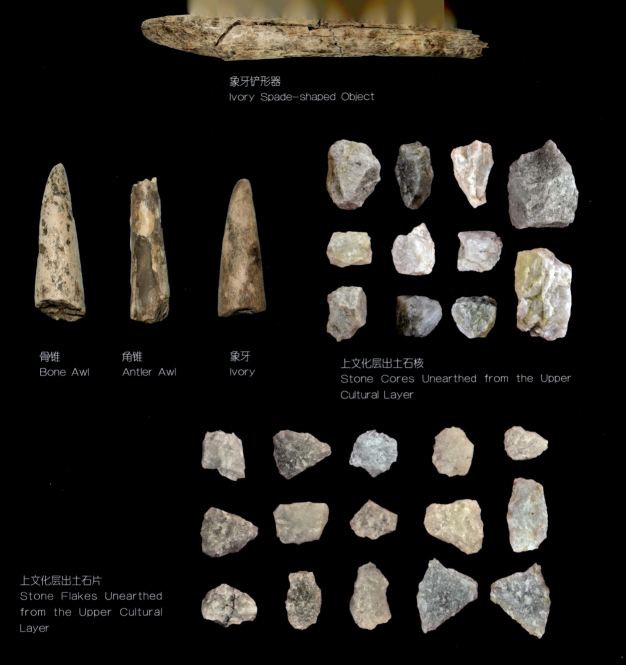

象牙铲形器
Ivory Spade-shaped Object

骨锥
Bone Awl

角锥
Antler Awl

象牙
Ivory

上文化层出土石核
Stone Cores Unearthed from the Upper Cultural Layer

上文化层出土石片
Stone Flakes Unearthed from the Upper Cultural Layer

The Bashan Site is located in Hekui Village, Yishui County, Shandong Province. From April to June 2021, the Shandong Provincial Institute of Cultural Relics and Archaeology and others conducted a rescue excavation of a 55 sq m area, revealing one human occupancy floor and three locations of fire-using remains. Over 5,000 unearthed artifacts include stone, bone, tooth, and anthler products and animal fossils, of which a spade-shaped object well-made of straight-tusked elephant incisor is rare to see. According to the preliminary determination, the site ages 100000 BP to 60000 BP, belonging to the middle Paleolithic period. It is an uncommon Paleolithic site with great research value within the Shandong area. It represents significance in establishing the developmental sequence of the Paleolithic Culture in northern China and even East Asia, reconstructing the history of early human development, particularly in studying the origin and evolution of modern humans.

重庆丰都
犀牛洞遗址

XINIUDONG SITE IN FENGDU, CHONGQING

犀牛洞遗址位于重庆市丰都县都督乡都督社区，东北距都督乡政府约3公里。该溶洞最初因发现犀牛牙齿化石而得名，由相距较近的两个水平的石灰岩溶洞组成，中心地理坐标为北纬29°37′30.31″，东经108°05′04.10″，海拔992米。按照调查先后顺序，靠西侧者编号为犀牛洞1洞，靠东侧者编号为犀牛洞2洞，洞口皆朝向西南，相距400米，单个洞面积均逾200平方米。2016年，重庆自然博物馆在此调查时，发现熊猫颌骨残块和带有疑似人工痕迹的石片。2020年初，在犀牛洞1洞末端裂隙次生堆积层发现一颗智人牙齿。2021年7～9月，经国家文物局批准，重庆自然博物馆联合中国科学院古脊椎动物与古人类研究所、重庆市文物考古研究院对该遗址进行了主动性考古发掘，获得一批丰富的文化遗物，取得了重大发现。

本次发掘共布设4个探方。分别在犀牛洞1洞洞口、洞外室和洞内室布设T1～T3，发掘面积26平方米。其中，T1地层堆积连续，出土大量石制品、人类牙齿和动物骨骼化石；T2、T3仅有少量动物骨骼化石分布于地表，地层中未发现遗物或遗迹。在犀牛洞2洞洞外室布设T1，发掘面积23平方米，出土少量动物骨骼化石。

发掘工作严格遵循田野考古发掘规范并结合旧石器遗址的特点，按正北向布方，采用1米×1米小方控制发掘，以自然层为基础、在单个自然层内以0.05～0.08米为一水平层逐层进行清理。对核心区域地层堆积的土样分层、分类进行采集并统一浮选，提取小哺乳动物化石、石制品碎屑和植物遗存，以备后续开展动物考古、植物考古研究。

此次发掘核心区域为犀牛洞1洞T1，根据堆积特征及包含物可分为5个自然层。第①层为灰黄色沙土层，包含大量石块，以及部分动物骨骼、牙齿、近现代瓷片、铁器和灰烬，出土石制品10件和智人前臼齿1颗。第②层为棕红色粗沙土层，土质较疏松，包含少量动物化石和石制品，出土石制品14件。第③层为灰色黏土层，土质致密，局部钙质胶结，包含少量动物化石和人工石制品，出土石制品30件。第④层为青灰色沙质黏土层，质地较致密，局部有大量啮齿类动物洞穴，包含大量动物化石、石制品和少量炭屑，出土石制品371件和智人臼齿1颗。第⑤层为棕红色沙土层，局部有青黄色钙质胶结，质地致密，包含少量动物化石和石制品，出土石制品61件。

通过此次系统考古发掘，共发现古人类牙齿化石2颗。其中原生堆积出土上臼齿1颗，仅保存牙冠部分；次生堆积出土前臼齿1颗，保存完好。出土石制品506件，包括石核、石片、石器、碎屑和燧石团块（备料）。石器主要有刮削器、砍砸器、凹缺器、两面器、手镐、钻、锤等。其中灰岩制品222件、燧石制品253件、石英制品1件、燧石团块（备料）30件。此外，还出土不少于14个属的大熊猫—剑齿象动物群化石176件，分别为大熊猫、剑齿象、鹿、豪猪、犀、貘、豹、竹鼠、鼬、麂、猴、猪、马和鼯鼠等。

选取犀牛洞1洞T1第④层的两件测年样本，送北京大学考古文博学院第四纪年代测定实验室进行¹⁴C测年，分析结果表明，犀牛洞遗址时代为距今4.5万～4.1万年，属于旧石器时代晚期早段。三峡地区作为现代人起源和演化的重要区域之一，此前发现的古人类化石相对稀缺，本次发现的两枚古人类牙齿化石进一步丰富了三峡地区古人类化石材料，为研究东亚现代人起源与演化填补了距今4.5万年时段的空白，为探索三峡地区现代人的起源与演化机制提供了新的实物材料。

犀牛洞遗址的石制品原料既有当地常见的硅质灰岩，也有外来输入的燧石，占比相对均衡，石器面貌同长江三峡两岸的旧石器文化有明显区别，说明古人类有意识开采相对优质原料加工石器，同时也在因地制宜利用周边丰富的硅质灰岩加工石器，体现了灵活多样的原料采备策略。

此次犀牛洞遗址的发现与发掘，极大地拓展了重庆武陵山区旧石器遗存的分布空间，也填补了丰都地区史前洞穴遗址的空白。新的发现，新的材料，不同的石器工业面貌，为进一步阐释重庆武陵山区高海拔区域的石器技术与古人类的适应生存行为提供了科学资料。同时，本次发掘出土的丰富古生物化石属于大熊猫—剑齿象动物群，通过与三峡地区其他哺乳动物群的对比研究，对于揭示三峡地区第四纪古生物多样性、物种分布状况和重建该地区第四纪古气候、古环境等具有重要科学价值。

（供稿：姜涛　高磊）

1洞T1第④层遗物分布情况

Artifacts Distribution of Layer 4 of Excavation Unit T1 in Cave 1

1 洞 T1 第③层啮齿类洞穴
Rodent Caves in Layer 3 of Excavation Unit T1 in Cave 1

两面器
Double-sided Object

尖状器
Point

砍砸器
Chopper

凹缺器
Notch

盘状器
Disc-shaped Object

刮削器
Scraper

智人前臼齿化石
Premolar Fossil of
Homo Sapiens

智人臼齿化石
Molar Fossil of
Homo Sapiens

大熊猫臼齿
Molar of Giant
Panda

大熊猫第三臼齿
The Third Molar
of Giant Panda

剑齿象乳门齿
Milk Incisor of
Stegodon

猞猁犬齿
Canine Tooth
of Lynx

豹门齿
Incisor of Leopard

猫科裂齿
Carnassial of
Felidae

鼬下颌骨
Mandible of Weasel

犀臼齿
Molar of Rhinoceros

The Xiniudong (rhinoceros cave) Site is situated in Dudu Community of Dudu Township, Fengdu County in Chongqing. It is named after discovering fossilized rhino teeth within and consists of two horizontal limestone caves in close distance. From July to September 2021, the Chongqing Natural History Museum, the Institute of Vertebrate Paleontology and Paleoanthropology of the Chinese Academy of Sciences, and the Chongqing Municipal Institute of Cultural Relics and Archaeology conducted a joint active excavation at the site. Two ancient human teeth, 506 stone products, and 176 Ailuropoda-Stegodon Fauna fossils belonging to no less than 14 members have been unearthed. The Xiniudong Site dates from 45000 BP to 41000 BP, equivalent to the early phase of the late Paleolithic period. The two new-discovered human teeth further enriched the materials of ancient human fossils in the Three Gorges area and provided new physical evidence for studying the origin and evolution mechanism of modern humans in the area.

四川稻城
皮洛遗址

PILUO SITE IN DAOCHENG, SICHUAN

皮洛遗址位于四川省甘孜藏族自治州稻城县金珠镇皮洛村，东距稻城县城约 2 公里，地理坐标为北纬 29°02′28″，东经 100°16′43″。平均海拔逾 3750 米，属于金沙江二级支流傍河的三级阶地。为填补川西高原旧石器时代考古的空白，四川省文物考古研究院从 2019 年起在这一区域开展旧石器时代考古专项调查工作，新发现旧石器时代地点 60 余处，采集包括手斧在内的石制品数百件。皮洛遗址发现于 2020 年 5 月，南北长约 2000、东西宽约 500 米，总面积约 100 万平方米。2021 年 4 月起，经国家文物局批准，四川省文物考古研究院联合北京大学考古文博学院组成多学科发掘团队，对皮洛遗址进行了主动性考古发掘。

遗址以 4 条东西向的大冲沟为界，分为 5 个区域，自北向南分别为 C 区、B 区、A 区、D 区和 E 区。2021 年度发掘面积 200 平方米，主要在 B 区和 D 区进行。布设 5 米 ×5 米探方 8 个，其中 B 区 5 个，均靠近冲沟；D 区 3 个，其中 2 个靠近阶地前缘，另一个位于阶地后缘。其余各区均进行系统调查，对地表遗物按田野考古操作规程做详细记录与采集。

此次发掘在探方内布设 1 米 ×1 米的小方进行精细化发掘，采用水平层与文化层相结合的方式，在同一文化层内以 0.05 米为一个水平层进行发掘。对所有遗物进行编号、拍照、记录三维坐标和产状，对长度在 2 厘米以下的遗物按照 0.5 米 ×0.5 米的小区进行收集，并对遗物分布密集的水平层进行了三维摄影建模。在发掘过程中，团队注意对残留物、土壤微结构等多学科研究样品进行收集，并在发掘结束后统一在剖面上采集了光释光测年样品、古 DNA 样品以及粒度、磁化率、孢粉等古环境研究样品。

本次发掘揭露了多个人类活动面，获得编号标

遗址分区及发掘区位置示意图（上为西）
Diagram Map of the Site Division and the Localities of Excavation Areas（Top is West）

探方遗物分布情况
Artifacts Distribution in the Excavation Unit

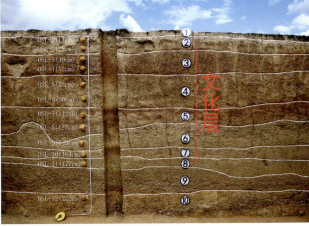

地层剖面图
Stratigraphic Profile

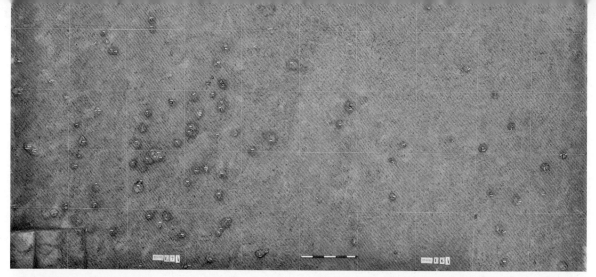

古人类活动面
Occupation Floor of Archaic Humans

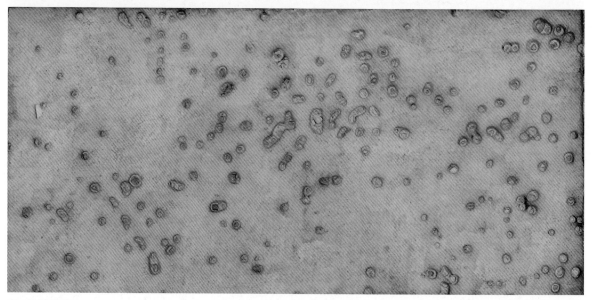

古人类活动面
Occupation Floor of Archaic Humans

本 7191 件，均为石制品。其中打击痕迹明确的人工制品共 3250 件，占 45.2%，包括石核 604 件、石片 699 件、工具 508 件、断块 786 件、残片 605 件、使用砾石 47 件、有刻划痕迹的岩块 1 件。其余 3941 件为没有明确人工打击痕迹的砾石，占 54.8%。

遗址地层堆积厚约 1.8 米，可分为 8 层。第①层为晚近时期形成的草皮。第②～⑧层均为旧石器时代文化层，根据地层关系、堆积特征、遗物发现情况和初步的光释光测年结果可大致分为三期。

第一期：第④～⑧层，出土石制品近 5000 件，原料中砂岩占 95% 以上，其次为石英，其余原料占比均不足 1%。石核剥片程式整体较为简单，利用率不高，约 2/3 是仅有 1 或 2 个片疤的尝试石核，平均拥有的台面和剥片面数量仅略多于 1，转向

剥片较为少见；石片中存在大量 I 型石片，台面中很少见到完全没有石皮或节理面的类型。工具主要以大石片为毛坯，直接用砾石生产的砍砸器和手镐占比不足 10%，边刮器是最主要的器物类型，占 60% 以上，其次为凹缺器和锯齿刃器，部分地层中还出土少量尖状器、锥钻、鸟喙状器等有尖工具。其中，第④层发现 1 件有刻划痕迹的岩块，很有可能是同类器物中年代最早的，表明这一阶段的皮洛居民已经拥有了象征性行为。

第二期：第③层，出土石制品 1300 余件，原料中砂岩数量仍占绝对优势，但比例下降到约 90%，石英和板岩的比例提高。这一阶段砂岩石制品的组合、剥片策略、工具类型与修理方式均与前一阶段比较相似，但新出现了板岩加工的手

斧。手斧呈三角形或水滴形，两面修制，加工程度高，器形对称，修长薄锐，显示了高超的修制技艺，是这一阶段最为突出的文化特征。

第三期：第②层，出土石制品1000余件，原料中砂岩的比例进一步下降，石英和板岩的比例提高到10%以上。这一阶段的砂岩制品继续延续此前阶段的特征，但新出现了加工更为复杂的小型石英石制品。这一时期也发现有以板岩修制的两面器，但尺寸明显小于第③层，平均重量只有约第③层手斧的40%。

遗址发现的石制品中约有20%表面有灼烧产生的裂纹、崩疤等痕迹，可能与较为频繁的用火行为有关。第③层发现扁平砾石围成的半环状"石圈"遗迹，第⑥层还发现有可拼合的石制品，显示人类曾在遗址中进行过烧烤食物、打制石器等活动。根据初步的光释光测年结果，遗址上部地层的年代不晚于距今13万年，属于中更新世晚期。

皮洛遗址总面积约100万平方米，受高原地区寒冻风化剧烈、土壤剥蚀严重的影响，遗址地表散落分布大量石制品。由于遗址受到的晚期干扰破坏较少，石制品在剥蚀暴露后很少有显著的空间位移，基本可以保留原始的位置信息，其中还有不少典型的石制品可与地层发掘的材料参照对应。鉴于上述情况，考古队建立了地表采集系统，记录地表所有典型石制品的类型和风化磨蚀情况，拍照后用RTK测量和记录三维坐标，最后采集遗物进行分类测量研究。本年度地表采集工作共获得典型标本3000余件，极大地填补了发掘面积有限的不足，系统地还原了整个遗址范围内不同时期遗物的空间分布状况，为了解各阶段人类栖居形态的变化过程提供了重要信息。这种发掘与系统采集相结合的模式也为高海拔剥蚀地貌区的旧石器时代考古工作提供了新的思路。

皮洛遗址是一处时空位置特殊、规模宏大、地层保存完好、文化序列清楚、遗物遗迹丰富、技术特色鲜明、多种文化因素叠加的罕见的超大型旧石器时代旷野遗址，具有重要的学术意义。

第一，皮洛遗址在青藏高原东南麓揭露出7个连续的文化层，完整保留、系统展示了简单石核石片组合—阿舍利技术体系—小石片石器组合的旧石器时代文化发展过程，首次建立了四川和中国西南地区连贯、具有标志性的旧石器时代特

BT5052第③层底部半环状石圈
Semi-ring Stone Circle at the Bottom of the Layer 3 in Excavation Unit BT5052

定时段的文化序列，为该区域其他遗址和相关材料树立了对比研究的参照和标尺。

第二，皮洛遗址发现的手斧、薄刃斧等遗物是目前世界上海拔最高的阿舍利技术遗存，也是东亚地区最典型精美的阿舍利技术遗存，皮洛等川西高原含手斧的遗址填补了东亚阿舍利技术体系在空间上的一个关键缺环，串联起印巴次大陆、中国南北方直至朝鲜半岛的阿舍利文化传播带，对于认识亚欧大陆东西侧远古人群的迁徙和文化交流具有特殊意义。

第三，皮洛遗址地处青藏高原，连续的地层堆积和清楚的石器技术演变序列表明，拥有不同技术体系的人群都曾陆续进入高海拔地区并在皮洛遗址持续繁衍生息，留下了大范围分布的文化遗物，充分展现了早期人类征服高海拔极端环境的能力、方式和历史进程，也提供了该地区古环境变化与人类适应耦合关系的重要生态背景和年代学标尺。

（供稿：郑喆轩 冯玥 谭培阳）

第④层出土刻划痕岩块
Scratched Rock
Chunk Unearthed
from the Layer 4

烧石
Burnt Rocks

第⑥层出土可拼合石器
Restorable Stone Tool
Unearthed from the
Layer 6

石手斧
Stone Hand Axe

石手镐
Stone Hand Pickaxe

石薄刃斧
Stone Cleaver

阿舍利技术石器
Acheulean Stone Tools

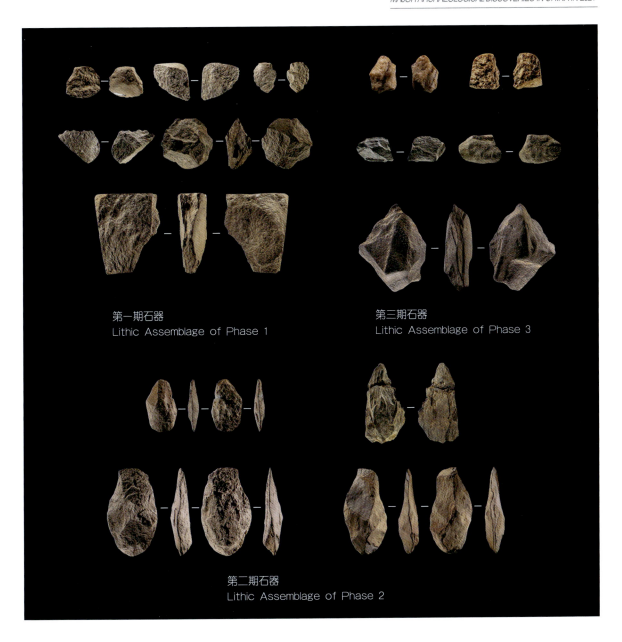

第一期石器
Lithic Assemblage of Phase 1

第三期石器
Lithic Assemblage of Phase 3

第二期石器
Lithic Assemblage of Phase 2

The Piluo Site, with a total area of about 1 million sq m, is located in Piluo Village of Jinzhu Town, Daocheng County, Ganzi Tibetan Autonomous Prefecture, Sichuan Province. From April 2021, the Sichuan Provincial Institute of Cultural Relics and Archaeology and others carried out an active excavation of 200 sq m at the site. The project revealed stratigraphic sections continuously accumulated since the late Chibanian, including seven Paleolithic cultural layers; unearthed 7,191 stone products that maintain a developmental process from the simple core-and-flake combination to the Acheulean techno-complex, then to the small-flake-tool combination. The excavation discovered the world's highest and most typical East Asian remains of the Acheulean technology; revealed the paleoenvironmental changes and cultural evolution sequence in southeastern Qinghai-Tibet Plateau; reenacted the course of archaic humans conquering extreme high-altitude environment, as well as the process of cultural exchange between the Eastern and Western and human migration and diffusion during the Paleolithic period.

西藏定日
苏热史前石器遗址

SURE PREHISTORIC LITHIC SITE IN TINGRI, TIBET

苏热遗址位于西藏自治区日喀则市定日县岗嘎镇东南的苏热山南坡阶地上，海拔约4400米。遗址最初发现于1966年。2012年，西藏文物保护研究所与中国科学院古脊椎动物与古人类研究所联合组队，对遗址进行了复查。2020年，考古队对苏热山各级阶地再次进行调查与试掘，在地表采集了石制品等，在冲沟中采集到炭屑。2021年7月，经国家文物局批准，考古队对苏热遗址进行了正式考古发掘，在苏热山东侧的泽姆山北坡冲沟剖面发现新的石制品分布线索。为最大限度地了解该地区史前遗址分布的全貌，考古队分别在苏热和泽姆两个地点布设探方进行发掘，发掘面积共34平方米。

发掘工作严格遵循旧石器田野考古发掘规范

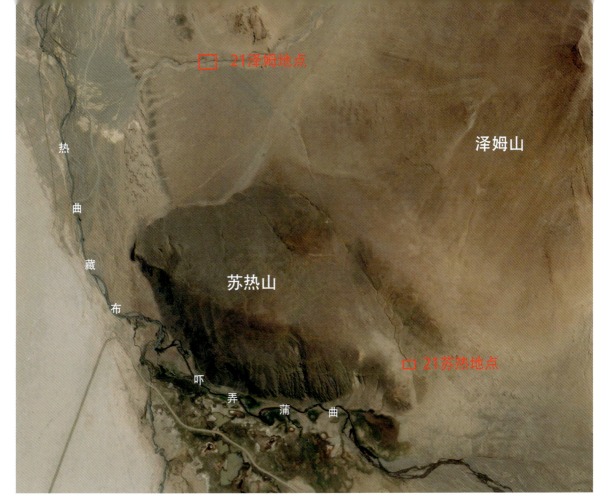

2021 年发掘地点位置图（上为北）
Map of Excavation Locations in 2021 (Top is North)

并结合史前旧石器遗址的特点，以自然层为基础、在每个自然层内按 0.05～0.1 米为一水平层逐层进行清理，出土堆积全部过筛，避免细小文化遗物的遗漏。过筛后的堆积物装袋收集，备后续研究之用。在两个地点的各个层位均同步采集了光释光年代学样品以及孢粉古环境学样本，在苏热地点文化层提取了炭样，对遗址进行年代学序列的构建和高分辨率的古环境重建。

苏热地点位于苏热山南侧的冲沟剖面中，布设 4 米 ×4 米探方 1 个，发掘面积 16 平方米。地层堆积为细沙质冲积层，厚约 3 米，可分为 5 个自然层。表层为现代扰土，第①层为灰黄色松散沙土层，第②层为棕黄色沙土层，第③ a 层为黄色细沙层，第③ b 层为红色粉沙质细沙层，第④层为黄色粉沙质细沙层。遗物主要出土于第③ b 层和第④层上部，两层堆积厚约 0.6 米。出土遗物 216 件，以石制品为主，另有零星陶片。石制品为石核—石片技术产品，原料主要为片麻岩，部分为石英岩。类型包括锤击石片、断块、工具等，其中工具主要是以石片为毛坯加工的边刮器。陶片均为夹砂红陶。

泽姆地点位于泽姆山北侧的冲沟剖面中，发掘面积 18 平方米。地层为冲积互层的沙层和沙砾石层，厚约 6 米，可分为 12 个自然层。表层为现代扰土，第①～③层和第⑫层为沙层，第⑤、⑦、⑨、⑩层为粗沙层，第④、⑥、⑧、⑪层为沙砾石层。遗物主要出土于沙砾层，自地层顶部至底部均有分布。出土遗物 425 件，以石制品为主，另有少量动物骨骼。石制品为石核—石片工业技术产品，原料主要为石英岩，少见片麻岩。石制品中绝大多数为锤击石片，石核和工具较少。石核以单台面石核为主，工具多为简单修理的边刮器，毛坯多为断块，少数为石片。

整体而言，两个地点的石制品虽然在原料上存在差异，但均属于石核—石片工具技术组合。石制品多以遗址附近的岩块为原料，利用锤击法打制而成。工具以边刮器为主，修理较为简单。

苏热遗址发现之初，研究者根据采集石制品

苏热地点探方西壁剖面
Section of the Excavation Unit's West Wall at the Sure Location

苏热地点探方南壁剖面
Section of the Excavation Unit's South Wall at the Sure Location

苏热地点地层中的灰烬
Ashes in the Stratum at the Sure Location

泽姆地点探方北壁剖面
Section of the Excavation Unit's North Wall at the Zemu Location

的技术特征和地貌位置判断其年代属于旧石器时代中晚期，但遗址确切的年代并不清晰。2021年系统的发掘工作将从根本上厘清这些认识。目前对遗址发掘过程中采集样品的测试工作正在进行之中，初步推测遗址年代应为更新世晚期至全新世早期。

苏热遗址是西藏南部地区首个经过系统发掘的旧石器时代遗址，出土的石制品也是西藏首批具有年代和地层信息的石核—石片工业技术类型的产品，为西藏史前文化序列的建立填补了关键性的一环。本次发掘为研究青藏高原腹地石核—石片技术的来源、扩散、文化交流以及古环境对史前人群迁徙生存的影响等科学问题提供了翔实的证据。

在青藏高原打制石器遗存研究中，相较于数量众多、引人注目的细石器产品，简单的石核—石片技术产品被长期忽视，通常在时间和空间两个维度被直接划入广泛存在、没有特征性、缺乏

辨识度的模式Ⅰ石器工业技术类型。然而，大量的考古研究工作证实，即使在同一种模式的石器技术中，不同的石制品组合在技术和人类行为适应层面上都可能存在着较大的差异，其在特定时空的产生与发展对理解当地古人类行为的演化具有重要价值。苏热遗址出土的丰富、典型且相对完整的简单石核—石片技术的石制品组合将极大地推动我们深入研究并厘清高原上模式Ⅰ石器工业技术体系的多样性，更好地界定苏热遗址文化技术特征，进而探讨高原古代人群的迁徙、适应历史。

苏热遗址地处藏南的高原湖盆和断裂河谷地带，南临喜马拉雅山脉，北接雅鲁藏布江中上游谷地，自古以来，该地区就存在许多贸易通道，起着沟通东西和南北往来的作用。苏热遗址的发掘与研究，对于理解高原南部古代人群迁徙和文化交流历史具有重要的意义。

（供稿：张晓凌　王社江　谭韵瑶　杨紫衣）

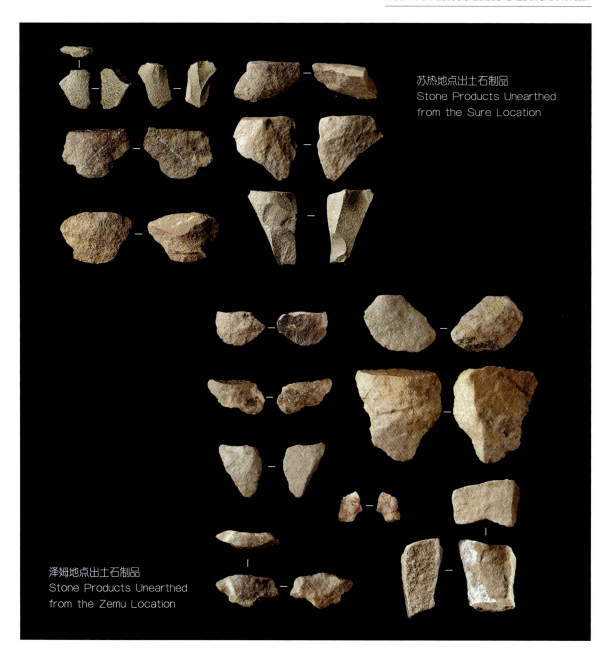

苏热地点出土石制品
Stone Products Unearthed
from the Sure Location

泽姆地点出土石制品
Stone Products Unearthed
from the Zemu Location

The Sure Site is situated on the southern slope terrace of Sure Mountain in the southeast of Gangga Town, Tingri County, Shigatse City, Tibet Autonomous Region. In 2021, the Tibetan Cultural Relics Conservation Institute and the Institute of Vertebrate Paleontology and Paleoanthropology of the Chinese Academy of Sciences excavated 34 sq m, two locations (Sure and Zemu) at the site. Over 600 stone products have been unearthed, produced by the core-flake technique, and mainly made of gneiss and quartzite. The Sure Site is the first excavated prehistoric wilderness lithic site in southern Tibet, dating from the late Pleistocene to the early Holocene. The excavation lays the foundation for establishing the prehistoric cultural sequence in Tibet; it also provides archaeological evidence for studying the origin, diffusion, and cultural exchange of prehistoric humans in the region, as well as the paleoenvironmental impact on their migration and survival.

河北尚义
四台遗址

SITAI SITE IN SHANGYI, HEBEI

四台遗址位于河北省尚义县石井乡四台蒙古营村南，地属内蒙古高原南部边缘地带，是冀西北坝上地区一处包含旧新石器时代过渡时期遗存的重要遗址。该遗址发现于2014年，2015～2018年曾进行过抢救性发掘。2020年起，河北省文物考古研究院、张家口市文物考古研究所、尚义县文化和旅游局联合对冀西北地区的尚义、张北等地进行了系统考古调查，发现在水淖周围和河流流域分布有密集的新石器时代遗址。四台遗址便坐落在这一区域贾格生淖西侧丘岗地上，海拔1450米，面积约15万平方米。

四台遗址分为A、B、C、D四区，每一区构成一个小型聚落，相互关系目前不清。A区面积6万平方米，探明房址121座；B区面积2万平方米，探明房址6座；C区面积3.5万平方米，探明房址37座；D区面积3.5万平方米，探明房址20座。

2021年，河北省文物考古研究院等单位在A区进行了考古发掘，发掘面积500平方米，遗址堆积以新石器时代遗存为主，并有少量旧新石器时代过渡时期遗存和历史时期遗存。旧新石器时代过渡时期遗存目前主要发现于北侧冲沟边，未见确切遗迹，遗物主要有细石叶和动物骨骼，骨骼表面裹有钙凝结层，且有火烧痕迹，年代距今约1万年。遗址主要遗存，即新石器时代遗存，分为两期。

第一期遗存，年代距今7700～7400年。遗迹主要为房址16座，面积10～16平方米，多数形制相似，平面多呈圆角方形或圆角长方形，半地穴式结构，地面四周高，中间凹，灶多位于房址中部，柱洞围绕中间灶分布，极少数房址发现东南向短斜坡门道、壁龛和多个灶。房址地面上多留有陶器、石器、骨器等遗物。其中5座房址地面发现了数量不等的人骨，既有男性也有女性，年龄多为5～60岁，人骨附近皆发现石磨盘或磨棒以及骨、玉、贝等遗物，较为特殊。以F2发现14具人骨为最多，屋内地面靠近四壁的位置

F2 内人骨出土情况
Human Bones in House
Foundation F2 in Situ

F2 内最北侧第一组人骨及陶罐出土情况
The First Group Human Bones and
Pottery Jar on the Northernmost of
House Foundation F2 in Situ

分别放置陶罐 3 件、石铲 1 件，石铲下压动物肩胛骨，陶罐呈"品"字形排列，口部分别朝向北、东、西方向，人骨放置在这些器物的中间。人骨摆放有序，分为 4 组。最北边为第一组，是一位 15 岁的年轻女性，手里抱一陶罐放在胸前，侧身屈肢葬，臀部后放置石磨盘 1 件；其后为第二组的数具人骨；再后是第三组，此组东部的人骨，仰身屈肢葬，腿骨整个叠压在胸部，骨骼之间的间隙非常小；再之后是第四组的数具人骨。前三组人骨头向一致，皆朝北，唯独第四组头向南。性别以女性为主，既有儿童、青年，也有壮年、老人。这些骨骼附近还有一些穿孔的贝饰、磨制的小石锛、玛瑙珠、骨刀、石磨盘、石磨棒等。从发掘情况看，F2 最早是具备房屋功能的，当死人放置在此后，房屋功能随即丧失，变为埋葬死

人之所。从陶器、石铲摆放的位置看，此处应事先进行了严密的规划。另外，在 F1 内发现了上、中、下三个活动面，上部的活动面残存壁灶 1 个，中部、下部活动面皆为浅坑灶，三个活动面上均残留石磨棒或磨盘、陶器。

此期出土器物主要有陶器、石器、骨器、角器、贝器、玉器、牙等。陶器均为夹砂陶，火候低，砂粒粗，陶质疏松，陶色不匀，分为黑褐、红褐两种。手制，器身底部有明显的套接痕迹。器壁薄厚不均，内外表面用细泥抹平。器内为圜底，底微鼓或凸起。器形有大口筒形罐和小平底筒形罐，器身均素面，大口筒形罐口部饰压印附加堆纹，个别小平底筒形罐口部饰竖向压印纹。石器主要为打制类、磨制类和细石器，磨制石器较多。打制石器主要为石球，部分局部磨光。磨制石器

有磨盘、磨棒、磨杵、有肩铲、穿孔饼形器、箭杆整直器、锛等。细石器主要有锥状和铅笔状石核、石片、细石叶、刮削器等。骨、角、贝、玉器除常见的骨针、骨锥、角锥外，还有单刃和双刃嵌石叶骨刀、有孔发声器等，还有少量穿孔贝饰、玛瑙珠及玉玦、穿孔玉颈饰。动物骨骼涉及种属有牛、鹿、鸟等，浮选样品中还发现有小型啮齿类(沙鼠Gerbillinae)的烧骨及大量鱼类骨骼。浮选样品中发现了数量较多的橡子皮壳，且发现有炭化的粟与黍，微遗存分析也证明了驯化粟、黍的存在。

第二期遗存，未发现确定遗迹，遗物主要为陶尖圜底罐和饰鱼鳞纹、竖向长附加堆纹的筒形罐等，器形与前期截然不同，年代距今6800～6400年。

发掘情况表明，四台遗址以第一期新石器时代遗存最为丰富、独特，与辽西的小河西、兴隆洼文化及周边的新石器时代筒形罐文化联系密切，但出土器物却差别明显，反映出其独特的文化内涵。石磨盘、磨棒等加工类工具和石铲等翻土类工具占比较大，且发现了粟、黍、小麦族、鱼骨、橡子皮壳等动植物遗存，表明四台先民的生业方式为采集兼渔猎，且可能具备了原始农业。另外，房内放置人骨，随葬石磨盘、石磨棒、石铲、陶罐等遗物，很可能是一种高等级或特殊的埋葬方式，与其经济形态和精神信仰关系密切。第二期遗存与第一期遗存相比较，无论是陶器器形、制法、纹饰，还是石磨盘、石磨棒等文化因素都存在明显差异。此期出土的陶尖圜底罐在国内其他遗址尚未发现，却与俄罗斯贝加尔湖地区卡林加河口、叶尼塞河流域新石器时代遗址出土的陶大口圜底罐在制法、器形、纹饰方面十分相似，显示出其与更远的北方的文化之间存在互动与联系。第二期遗存的细石核、细石叶占绝对数量，磨制石器远不如第一期发达，标志着遗址文化面貌和生业经济的重要转变。四台遗址第一、二期遗存与周边考古学文化相比，均呈现出一种全新的考古学文化特征，应是两种新的考古学文化——四台一期文化及四台二期文化。

四台遗址堆积丰厚，延续时间长，自旧新石器时代过渡期出现最早阶段遗存，至新石器时代遗存一期繁荣，再到新石器时代遗存二期衰微，最终出现在历史时期的舞台，展现出一幅冀西北社会发展的动态图景，为新石器时代中期考古学文化研究增添了重要内容，也为本地区聚落与社会、北方旱作农业起源、旧新石器时代过渡等方面的研究提供了新资料，对于探讨冀西北与周边考古学文化的关系，乃至与东北亚人群的关系、草原丝绸之路形成与发展等一系列重大课题意义重大。遗址不同时期的多文化交流与互动既是文化"三岔口"通道和中华文化交流、融合、互鉴的重要体现，更是中华文明多元一体、兼收并蓄、绵延不断的重要见证。

（供稿：赵战护　龚湛清　魏惠平）

陶大口筒形罐（一期）
Pottery Wide-mouthed Cylindrical Jar (Phase One)

陶小平底筒形罐（一期）
Pottery Small Flat-bottomed Cylindrical Jar (Phase One)

陶大口尖圜底罐（二期）
Pottery Jar with Wide Mouth and Pointed-round Bottom (Phase Two)

石磨盘及石磨棒（一期）
Stone Quern and Roller (Phase One)

炭化植物遗存
Remains of Carbonized Plant

穿孔骨器（一期）
Perforated Bone Tool (Phase One)

石刃骨刀（一期）
Bone Knife with Stone Blade (Phase One)

玉颈饰（一期）
Jade Neck Ornaments (Phase One)

石核（一期）
Stone Cores (Phase One)

玉玦（一期）
Jade *Jue*-earring
(Phase One)

双肩石铲（一期）
Double-shouldered Stone
Spade (Phase One)

穿孔石铲（一期）
Perforated Stone
Spade (Phase One)

The Sitai Site is located south of Sitai Mongolian Ying Village in Shijing Township, Shangyi County, Hebei Province. It is an important site incorporating the transitional period remains between the Paleolithic and Neolithic Ages in the Bashang area of northwestern Hebei. In 2021, the Hebei Provincial Institute of Cultural Relics and Archaeology and others excavated the Area A of the site, covering 500 sq m; the found remains are mainly of the Neolithic period and can be divided into two phases. For Phase One, semi-subterranean houses make up the primary remains, some houses having human bones placed on the ground; potteries are mainly of wide-mouthed cylindrical jars and small flat-bottomed cylindrical jars, and the majority of stone tools were grounded; other discoveries include decorations such as jade *jue*-earrings and remains of foxtail millet, proso millet, and triticeae. Phase Two relics feature pottery cylindrical jars with the pointed-round bottom. The remains of the two phases may represent two new cultural types, adding significant content to research of archaeological culture in the middle Neolithic Age.

山西兴县

碧村龙山时代遗址

BICUN SITE OF THE LONGSHAN PERIOD IN XING COUNTY, SHANXI

碧村遗址位于山西省吕梁市兴县碧村北，地处蔚汾河和黄河交汇处，总面积 75 万平方米，包括寨梁上、小玉梁、殿乐梁、城墙圪垛等台地。该遗址的考古工作始于 2014 年，2015 年对遗存分布最为密集的小玉梁地点进行了首次发掘，发现了小玉梁地点大型石砌排房和城墙圪垛地点东城墙线索。2016 ～ 2018 年，在"考古中国"重大研究项目"河套地区聚落与社会研究"课题支持下，山西省考古研究院对小玉梁地点进行了大面积揭露，确认其为一处龙山时代面西而坐的中心台城，四周砌筑包边墙，高台之上为排房和广场。

在明确遗址中心区域结构后，2020 年开始转向东城门的发掘，2021 年又对城墙圪垛地点进行了进一步发掘，两个年度揭露面积共计 1000 平方米，初步了解了遗址东门的结构及年代。

陶双鋬鬲
Pottery Li-cauldron with Double Lugs

目前的发掘工作表明，东城墙及城门位于遗址东部城墙圪垛地点高耸的平台上，距离小玉梁地点 900 米，地处蔚汾河北岸，北邻猫儿沟，西接殿乐梁，东连向外延伸的山梁，城墙北部保存较差，南部留有部分完整墙体。门址位于东墙中部，"品"字形结构，整体南北对称，布局规整，结构严密，主要由东、南、北三个大墩台组成，中间穿插有夹墙、夹道、小型墩台等附属设施，内外设置多重瓮城结构，以增强进出安防效果。

进出通道设于中部东墩台南北两侧，两门道之间以 C 形夹道连接，南部其中一道城门后期被封堵，垒砌成墙，仅存北门道。

东墩台平面呈半圆形，最大直径 21.5 米，石包土芯，外侧以石砌筑双重半圆形包边墙，墙宽 3 ～ 3.2、残高 1.2 米，中间主要为两块直角弧边的大土芯，土芯和石砌包边墙之间以土填塞。该墩台外侧 C 形夹墙宽 0.6 ～ 0.7 米，与墩台合围成的夹道宽 2 米，南北两端以石块垒砌，中间以较致密的褐色黏土制作的土坯垒砌，土坯土质与墩台内的褐土类似，应是在开采运输而来的石块不足的情况下，借用了部分填塞石包土芯的致密土壤制作而成。夹道北端为间宽 6.8、进深 8.3 米的北瓮城，北侧有进出门道；夹道南端仅存与其连为一体的连片踩踏面，宽度与北瓮城间宽基本一致。在夹墙与东墩台中部偏北位置有一列直径 0.2 ～ 0.3 米的柱洞，这些柱洞所在位置基本与东墩台局部向

东门址全景（东—西）
Full View of the East Gate Remains (E-W)

外倾倒部位一致，疑似为斜向栽立木柱以支撑墙体，与防止墙体进一步外倾有关。

城门南北墩台位于东墩台西侧，呈圆角方形，南墩台边长 23.5 米，北墩台最大边长超过 28 米。两者东面外墙呈东北—西南走向，宽 3 ~ 3.2 米，由内、外两重拼合构成，内侧宽 1.8 ~ 2，外侧宽 1 ~ 1.2，残高 0.7 ~ 1.2 米。墙体外侧有规整立面，为砂岩块石砌筑，外侧石块较规整，中间石块杂乱，大小不一。墙体建于一层质地较硬的红褐土之上，该层堆积与碧村遗址小玉梁地点石砌房址之下的堆积一致。南、北墩台之间有对称的夹墙，东西亦设置大小不一的墩台，东侧从东墩台延伸出一小型墩台，西侧置一组呈"品"字形分布的墩台等设施，与南北夹墙形成掎角之势，控制进出的通道，与此类似，由此迂回绕道向西进入城内的过程中，还有一组掎角组合，由此构成了多重防御结构。

整个城门墙体多采用双重墙体，墩台均为石包土芯。砌筑方式为分组分个体、由内而外、由西向东、由南及北逐个有序修筑而成。在修建时，整个地面经过平整与铺垫。墩台土芯采用的褐色黏土亦是从其他地方专门运输而来。

有几组现象值得注意。在东墩台东侧的倒塌

东墩台（上为东）
East Abutment (Top is East)

东墩台外侧夹墙土坯（东—西）
Adobes of the Outer Side Hollow Wall of the East Abutment (E-W)

后期封堵门道（南—北）
The Later Blocked Doorway (S-N)

东墩台墙体（南—北）
Wall of the East Abutment (S-N)

东墩台外柱洞（南—北）
Postholes Outside the East Abutment (S-N)

堆积中，近地面附近，出现一些玉石器残块，还有个别完整器，与墙体倒塌下来的石块混杂在一起，推测这些玉石器起初是以祭祀方式砌筑在墙体之内的，这与石峁遗址"藏玉于墙"的模式如出一辙。在个别墙体内还发现有残断的石斧工具。此外，部分墙体有过火现象，被炙烤成红色，墙边还残留有倒塌灰烬层，这一情况与小玉梁东北角房址个别墙体整堵墙面有过火现象及墙边发现有灰烬类似。与此相类明显可见过火情况的还有小玉梁石砌排房中的F5，其内发现大块经火烧后的炭化木柱。这些现象指向该遗址在废弃过程中局部应被火烧过。

城门各墙体的倒塌堆积多为分区域集中呈坡状的堆积，在倒塌废弃物中采集了多件器物，其中陶鬲多为叠唇，在城门处地面发现了叠唇粗绳纹的侧装双鋬鬲，鋬手已移至口沿外侧，采集的动物骨骼测年数据约为公元前1800年。

根据以上情况推测，该组城防设施的始建年代与小玉梁地点石砌建筑基本同时或略晚，即约公元前2100年，在约公元前1800年开始废弃。

通过近几年的考古工作，基本明确了碧村遗址龙山时代聚落的主体轮廓，包括由护坡及石砌排房组成的小玉梁核心区、大型墩台与城墙围合的石门墕内城城防设施、"品"字形墩台构筑的城墙圪垛东城门，从而构建了该遗址中心区域及多道城防设施的基本聚落结构。

碧村遗址是晋西地区目前发现的规模最大、结构较为明确和成熟的龙山晚期石城，特别是其东门址的完备防御形态，丰富了对同类遗址门址结构的认识。此外，其严密的城防设施，控扼黄河与蔚汾河关口的突出战略位置，沿外城墙、内城墙、中心台城逐步降低到入黄河口处的线性布局，强烈指向其应是龙山时代黄河岸畔的一座关卡性城址，这为认识黄河沿线同类城址的性质提供了参考。

目前调查资料表明，这类石城在晋西的分布主要集中于偏关至石楼一带，已发现20余处，其盛行的石构建筑之风已波及忻州游邀、太原许坦等龙山末期前后的部分遗存中。

（供稿：张光辉 王晓毅）

东墩台倒塌堆积（东—西）
Accumulation Due to the Collapse of the East Abutment (E—W)

东门址墙体过火现象（南—北）
Overfire Phenomenon of the Wall at the East Gate Remains (S—N)

东门址墙体中的残石斧（南—北）
Remnant Stone Axe in the Wall at the East Gate Remains (S—N)

The Bicun Site is located north of Bicun Village in Xing County, Luliang City, Shanxi Province, at the intersection of the Weifen River and the Yellow River and sizes 750,000 sq m. From 2020 to 2021, the Shanxi Provincial Institute of Archaeology conducted a systematic excavation of the east gate remains on the Chengqianggeduo terrace. The gate is situated in the middle of the east wall and structured in the shape of a Chinese character "品", overall north-south symmetrical, regularly arranged, and tightly structured. It mainly consists of three large abutments in the east, south, and north; interspersed with annexes such as hollow walls, narrow lanes, and small abutments, and built multiple barbicans from inside to outside. The Bicun Site is the largest stone city with a relatively clear and mature structure of the later Longshan Period found in western Shanxi so far, is a checkpoint city site. The east gate in the complete defense form enriches the understanding of the structure of similar gate remains. The excavation also provides a reference for understanding the natures of similar city sites along the Yellow River.

山东滕州岗上新石器时代遗址
2020 ～ 2021 年发掘收获

EXCAVATION RESULTS OF THE GANGSHANG NEOLITHIC SITE IN TENGZHOU, SHANDONG IN 2020-2021

岗上遗址位于山东省枣庄市滕州市东沙河街道陈岗村东部的漷河两岸。2018 ～ 2019 年，山东省文物考古研究院对该遗址进行了系统勘探，探明遗址总面积约 80 万平方米，时代以大汶口文化中晚期为主。遗址北部偏西位置发现了面积约 40 万平方米的大汶口文化晚期城址。2020 年 9 月至 2021 年，山东省文物考古研究院对遗址南部高岗（南区）上的一处小型墓地及城址内东南区域（北区）居址区、墓地进行了系统发掘，发掘面积共计 1100 余平方米，取得了一系列重要收获。

南区墓地墓葬分布非常集中，共发现大汶口文化墓葬 16 座，均为竖穴土坑墓，除 1 座为二次葬外，其余皆为一次葬。一次葬中，四人合葬墓 1 座，其余均为单人仰身直肢葬。现存墓葬均开口于表土层下，残深不超过 0.8 米，最浅者仅

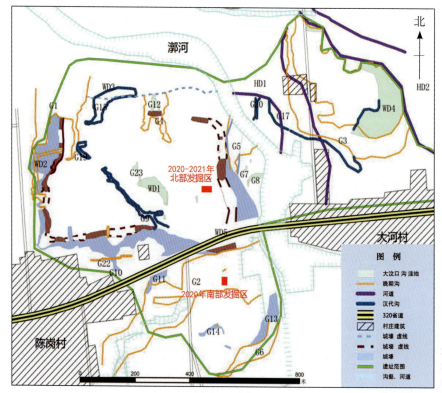

2020 ～ 2021 年发掘区位置图
Diagram Map of 2020-2021 Excavation Areas

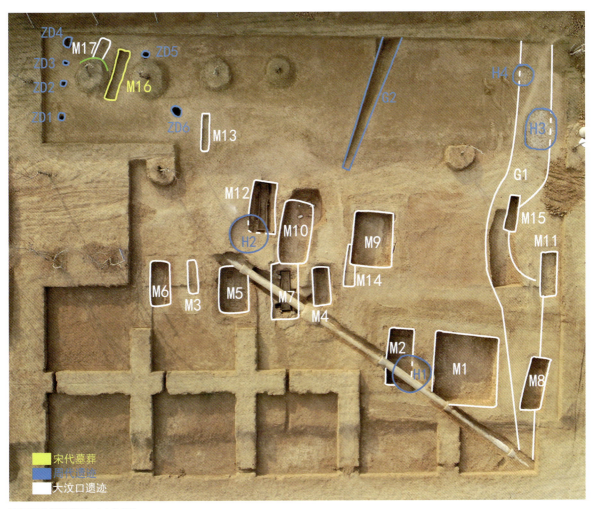

南区墓地遗迹航拍（上为西）
Aerial Photograph of the Cemetery Remains in the South Location (Top is West)

数厘米。墓地性质单纯，少有同时期其他遗迹。墓葬整体特征表现在以下五个方面。其一，空间布局上，虽发现墓葬数量不多，但分布集中，有明显成列排布规律，每列墓葬数量不等，个别墓葬间存在打破关系。其二，墓葬结构相同，均为东西向竖穴土坑墓，头向东，墓向多介于 90°～100°。多数墓葬带有生土或熟土二层台，绝大多数使用木质葬具，一些木棺带有头箱、脚箱或边箱等器物箱结构，椁不甚流行。其三，墓葬规模差异大，主要表现在墓葬体量、葬具结构及随葬器物等方面，可分为大、中、小型三类，大、中型墓与小型墓等级分化异常明显。其中，大型合葬墓长 3.3、宽 3.2 米，随葬陶器数量逾 300 件，而小型墓仅能容纳 1 人，无葬具及随葬器物。大型墓随葬较多玉器，男性大墓均随葬玉钺，有明显砍砸痕迹。合葬墓 4 人均为男性，自北向南年

龄呈递减之势，而随葬玉钺从类型、数量、玉质及大小等方面也表现出递减趋势，体现出同一墓葬内不同墓主间也存在明显的等级差异。女性大墓随葬玉器以饰品类为主，其中又以绿松石最多。其四，大、中型墓随葬器物明器化异常突出，以杯、壶、豆、小鼎为大宗，器形偏小，多轮制而成，制作规整，标准统一，同一器形往往整齐放置于一处。其五，时代上，除小型墓年代稍早外，大、中型墓年代相近，测年表明墓葬年代为距今约 4700 年，大致处于大汶口文化晚期早段。

北区发掘以大汶口文化中期墓地及房址为主，发现大汶口文化房址 7 座、竖穴土坑墓 10 座、瓮棺葬 3 座。

大汶口文化房址平面多呈方形或长方形，错落分布于发掘区中西部。依房屋建造形式大致可分为基槽式、基槽柱坑结合式、柱坑式及柱洞式

北区遗迹航拍（上为北）
Aerial Photograph of the Remains in the North Location (Top is North)

南区大型四人合葬墓（M1）（上为东）
Large Four-person Joint Burial (M1) in the South Location (Top is East)

南区女性大墓（M9）（上为东）
Large Female Burial (M9) in the South Location (Top is East)

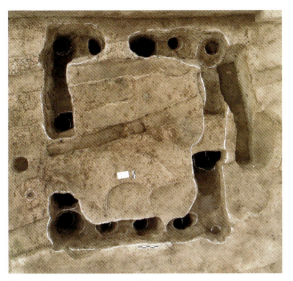

北区基槽式房址（F1）（上为北）
House Foundation (F1) with Foundation Trenches in
the North Location (Top is North)

北区基槽与柱坑结合式房址（F8）（上为北）
House Foundation (F8) with Foundation Trenches
and Postholes in the North Location (Top is North)

北区成年男女双人合葬墓（M6）（上为东）
A Couple's Joint Burial (M6) in the
North Location (Top is East)

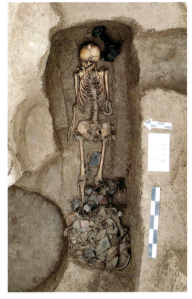

北区单人墓（M12）（上为东）
Single Burial (M12) in the North
Location (Top is East)

北区胎儿瓮棺葬（W6）（上为北）
Infant Urn Burial (W6) in the
North Location (Top is North)

四类，除柱洞式房址面积仅 10 余平方米外，其余房址面积多为 25～35 平方米，其中 1 座超过 40 平方米，可辨的门道多为西开或北开。较为特殊的是，房址基槽、柱坑的体量及深度远超普通房址规格，性质及用途可能有别于一般居住址。时代上，除柱洞式房址年代较早外，其余房址基本同时，但不早于北区墓地。

10 座大汶口文化竖穴土坑墓集中分布于发掘区西部。墓葬皆有葬具，均为一棺。其中，双人合葬墓 7 座，单人墓 3 座，合葬墓与单人墓有分群埋葬特征。合葬墓方向多介于 75°～90°，墓坑多口小底大，普遍深 1.5～2.1 米。墓葬有随葬龟甲器、猪、狗的现象。合葬墓由于多数被盗，人骨上半部扰动严重，通过对盗洞及残存人骨进行鉴定，可鉴别的 6 座墓葬均为成年男女双人合葬墓，且男女墓主年龄相近。单人墓方向介于 80°～88°，深度略浅于合葬墓。单人墓出土有彩绘陶器。根据随葬器物形制判断，单人墓年

南区墓地出土陶器
Potteries Unearthed from the Cemetery in the South Location

代略早于合葬墓。

除成人墓葬外，3 座胎儿瓮棺葬是本次发掘的另一个重要发现。瓮棺葬分布于成人墓葬东侧，葬具均为倒扣的陶鼎。人骨经鉴定，均为 6 ～ 7 个月的不足月胎儿，可能为自然流产或早产所致。根据陶鼎形制判断，年代与竖穴土坑墓一致，而其分布一线即为墓地东侧边缘。整体而言，北区墓地时代为大汶口文化中期早段。

除此之外，前期通过对城墙和壕沟进行勘探及解剖发现，城址平面近长方形，东西长约800、南北宽约550米，面积约40万平方米，为海岱地区目前已知面积最大的大汶口文化城址。城墙紧挨城壕内侧，城墙有较明显的夯打加工痕迹，宽 10 ～ 22、残高 0.5 ～ 0.8 米，夯层厚约0.08 米。城壕宽 10 ～ 60、最深处约 2.8 米。另外，不同区域城墙结构不尽相同——西墙、东墙、北墙高于外侧壕沟而未高出城内地面；南墙为平地起筑而成，高出城内外两侧，不见基槽迹象。城墙形态的差异，与其所处区域地形、地貌关系密切。城墙的解剖使我们对当时岗上大汶口城址的城墙结构、建造方式等有了初步了解。

2020 ～ 2021 年，通过对岗上遗址南、北两区的发掘，获得了一批非常重要的大汶口文化中晚期（绝对年代为距今 5000 年前后）房址、墓葬材料。南区高等级墓葬随葬器物中红彩陶、觚形杯等礼制陶器的发现，以及作为王权或军权象征的玉钺在男性墓葬中的普遍出土，表明该墓地性质可能为聚落社会中一类权利人群的专属墓地。随葬大量陶器及较多玉器的大型墓，是目前已知的大汶口文化墓葬中随葬器物数量最多的墓葬，大量明器化陶器批量化生产反映出中心性聚落社会发展程度、生产力及制陶业的成熟。木质葬具中的三联棺、头箱、脚箱及边箱等葬具结构均是海岱地区发现的最早和大汶口文化仅见的实例，显示出岗上遗址在鲁南地区的区域中心地位。大墓无椁与鲁北地区中心性聚落焦家遗址棺椁俱全的特征形成鲜明差异，为不同区域文明进程的对比研究提供了新资料。

北区居址区及墓地的发掘有助于对城内区域聚落演变过程的认识。房址分布错落有致，规模大小相当，是居址区内人群生产、生活状况的真实反映，为认识居址区内部布局、家庭单位规模

北区墓地出土陶器
Potteries Unearthed from the Cemetery in the North Location

及组织形式提供了新材料。大汶口文化中期成年男女双人合葬墓的集中、成片发现，在已知的大汶口文化同时期墓地中非常罕见，此类合葬现象值得深入探讨，对于研究大汶口文化家庭组织形式及婚姻制度的演变意义重大。首次发现的多座保存较好的胎儿瓮棺葬，为了解该时期墓地结构、规划及分区情况提供了新的信息，也为了解当时人口生育状况及对待早产胎儿的丧葬观念提供了难得的资料。

（供稿：朱超　张强）

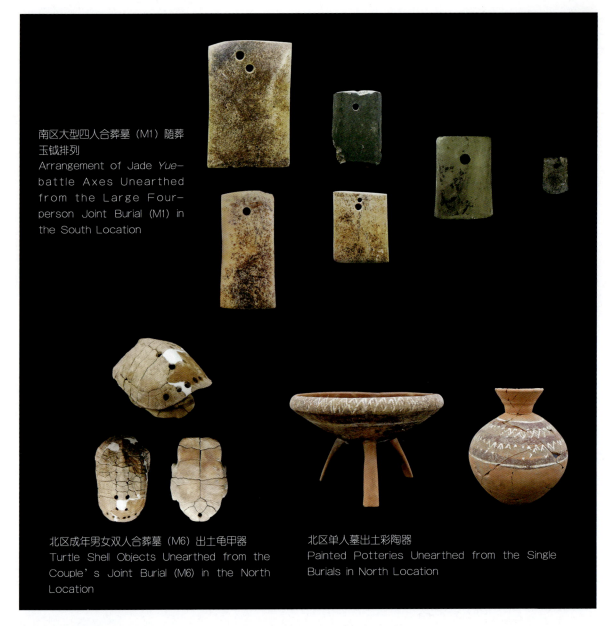

南区大型四人合葬墓（M1）随葬玉钺排列
Arrangement of Jade *Yue*-battle Axes Unearthed from the Large Four-person Joint Burial (M1) in the South Location

北区成年男女双人合葬墓（M6）出土龟甲器
Turtle Shell Objects Unearthed from the Couple's Joint Burial (M6) in the North Location

北区单人墓出土彩陶器
Painted Potteries Unearthed from the Single Burials in North Location

The Gangshang Site is located on both banks of the Kuo River, east of Chengang Village in Dongshahe Neighborhood, Tengzhou City of Zaozhuang City, Shandong Province; with a total area of about 800,000 sq m, and primarily dated to the middle and late Dawenkou Culture. From September 2020 to December 2021, the Shandong Provincial Institute of Cultural Relics and Archaeology excavated two locations at the site: a cemetery on the southern highland (the South Location) and a residential area and another cemetery in the southeast urban area (the North Location). The nature of the high-class tombs in the South Location is probably an exclusive cemetery for the authority group in the settlement social structure, indicating the Gangshang Site's regional centrality in southern Shandong. The excavation location in the urban area reveals its evolutional process from a cemetery to a residential zone; moreover, the excavation of the mid-Dawenkou Culture cemetery and the first discovery of several well-preserved infant urn burials provide important material for studying funeral customs of the Dawenkou Culture.

河南灵宝
城烟遗址
CHENGYAN SITE IN LINGBAO, HENAN

城烟遗址位于河南省灵宝市川口乡城烟村南，地处秦岭东段山前的洪积台地上，现存面积约3万平方米。2019年4月至2021年6月，为配合蒙华铁路建设，河南省文物考古研究院对遗址进行了发掘，揭露面积5600余平方米。遗址以仰韶文化早期遗存为主，另有少量仰韶文化中晚期和二里头文化遗存，清理各时期房址56座、陶窑43座、墓葬94座、瓮棺葬141座、灰坑1230余个、灰沟24条等。

仰韶文化早期房址有半地穴式、地面式及柱列式等多种，以半地穴式为主，平面以圆形、椭圆形为主，少量呈长方形。F27整体为长方形半地穴式，地势较低的西侧为带基槽的石砌墙基，石砌墙基之上有夯土，东侧地势较高，下挖成半地穴，是一座半地穴式与地面式结合、土石结合的房屋，门道在房址西南角，有踩踏硬面向外延伸。F55为圆形地面式大型房址，门朝东，门道内外以碎陶片及料姜石颗粒铺垫，室内有大面积的踩踏活动面，墙基外侧发现一周较有规律的较大柱洞，应为回廊，总面积153平方米。在发掘区东南部发现多座由密集柱洞组成的柱列式建筑引人注目，柱洞或柱础加工精致，排列有序，柱洞之间未见明显的活动面，柱洞围成的区域大多面积很小，或具特殊用途，

疑为高仓类遗迹。

陶窑有地面堆烧式、浅穴式、斜穴式等形制，以地面堆烧式为主，大都仅存底部烧结面。Y33为一瓢形浅穴式窑，窑壁、窑室和两条火道保存较好，窑室内残存数量较多的陶器残片，窑外附近有柱洞和多个纯净的细泥条，应是较宽广的制陶场地。Y30保存较好，为斜穴式窑，操作间、火膛、窑室保存较好，圆形窑室底部一周有火眼11个，窑室下部有大量残碎陶器堆积，是迄今发现的保存最好的仰韶文化早期陶窑。发掘区中部、南部分别发现有大范围的夹杂大量红烧土块的灰土，应是陶窑烧制陶器的废弃堆积。

墓葬有一次葬、二次葬、瓮棺葬三种。一次葬者皆为长方形竖穴土坑墓，多单人仰身直肢，墓向多近东西向，几乎无随葬器物。多人二次合葬墓埋葬个体5～19人，多无葬具。M1平面呈长方形，浅穴，内有人骨8具，放置整齐，人骨上放有数块长约20厘米的鹅卵石块，墓室靠南部出土器座2件，泥质红陶，腰部有镂孔，制作精美。瓮棺葬葬具以罐或瓮钵组合为主，有少量瓮盆组合，大多单独埋葬，也有多个瓮棺合葬的现象。

灰沟有大型沟与较小型沟两种。灰坑数量多、形制多样，平面有圆形、椭圆形、不规则形、方形等，口大底小的盆形坑较多见，较少呈袋状。

2020～2021 年发掘区（上为东）
Excavation Area in 2020–2021 (Top is East)

仰韶文化早期半地穴式房址 F27
Semi-subterranean House Foundation F27
of the Early Yangshao Culture

仰韶文化早期圆形地面式房址（红色为带回廊
建筑 F55）
Above-ground Round House Foundations
of the Early Yangshao Culture (The
Building with Cloister-F55 is Marked in
Red)

仰韶文化早期柱列式房址 F13
House Foundation with Columns (F13) of the Early Yangshao Culture

仰韶文化早期柱列式房址 F35
House Foundation with Columns (F35) of the Early Yangshao Culture

仰韶文化早期瓮棺葬 W84
Urn Burial W84 of the Early Yangshao Culture

仰韶文化早期瓮棺葬 W62
Urn Burial W62 of the Early Yangshao Culture

二里头文化陶窑 Y26
Pottery Kiln Y26 of the Erlitou Culture

H539 近椭圆形袋状，近底部有一凸起的"隔子"将坑底分为东、西两部分，东部更深，坑底发现有一表面光滑的细泥土块，应是储存的陶泥土，用于制陶的可能性大。

出土陶器以泥质红陶和夹砂红陶数量最多，另有少量褐陶和灰陶，纹饰以绳纹为主，较少线纹及指甲纹、戳印纹，有黑彩宽带纹、三角纹等

少量彩陶。常见器形有杯形口尖底瓶、钵、盆、夹砂罐、瓮、器盖等。生产工具有石斧、锛、凿、镖、砺石、磨棒、研磨器等，骨锥、针、镞、陶纺轮、刀、锉、圆陶片等。另发现一件石雕蚕茧形象，由黄褐色大理岩雕刻而成，椭圆体，形态饱满，周身施纵向浅沟槽，长约 2.9 厘米。文化性质上，这批遗存主体应属于仰韶文化早期东庄类型，部

分可早到仰韶文化早期的偏早阶段或谓仰韶文化初期的枣园类型。

二里头时期遗存也较丰富，发现的遗迹有房址、陶窑、墓葬、灰坑等。房址分地面式和半地穴式。陶窑 Y26、Y42 保存较好，结构较完整，均为竖穴式升焰窑。Y26 由火膛、窑室等部分组成，窑箅上分布数十个圆形火眼。窑北侧为操作间，操作间西侧有较厚可分数层的烧灰堆积。Y42 由火膛、窑室、窑门、烟道等构成。窑室顶部大多已坍塌，在窑室西南部残留有高约 0.2 米的弧顶。窑箅烧结面光滑，质地坚硬，火眼 30 个，有圆形、椭圆形、梅花形等，双火膛设置，左右各一，火膛口朝西，火膛内有大量灰烬。窑西部是窑前活动场，发掘部分面积约 50 平方米，由操作间、工作坑、盛水池等组成，窑前踩踏面明显，应为操作间。西北部有较大型坑，底部高低不平，地表

有大量料姜石，应为烧制陶器时堆放相关物品的场地，堆积中有大量灰烬、烧土，包含陶夹砂罐、大口尊、盆、花边罐、甑、器盖等残片，另有石斧、石凿、陶垫及兽骨等。北中部有一面积约 3 平方米的平台，上面有一圆形小坑，直径约 0.5 米，筒状，周壁加工考究，壁表及底面光滑细腻，经高温烧烤，推测可能为烧窑时的盛水池。坑内西北侧有基本完整的竖置的陶大口尊 1 件。最西侧有大体呈南北排列的大型石块，长约 3 米。Y42 及相关设施再现了陶器烧制区的完整情形。这批二里头文化遗存的年代约相当于二里头文化二、三期。

城烟遗址发现的丰富的仰韶文化早期遗存具有极高的研究价值和重大意义。

第一，本次发掘是自西安半坡、临潼姜寨遗址后，仰韶文化早期遗址的又一次较大规模的发

仰韶文化早期二次葬 M94
Secondary Burial M94 of the Early Yangshao Culture

仰韶文化早期窑址 Y30
Kiln Y30 of the Early Yangshao Culture

掘，获取的大批遗迹和遗物为进一步认识仰韶早期文化特征，特别是以往材料较薄弱的豫西晋南地区东庄类型的文化内涵，提供了新资料。

第二，与半坡、姜寨等遗址不同，城烟遗址仰韶文化早期聚落具有一定的自身特点，如不见聚落中心广场等，对于揭示仰韶文化早期不同地区的聚落形态及其演变具有重要意义。

第三，以往所见仰韶文化早期房址多为半地穴式，而城烟遗址出现了典型的地面式房址。本次发现的回廊式房址将这种建筑形式从以往最早见于灵宝西坡遗址的仰韶文化中期向前提早到了仰韶文化早期，为古代建筑史开启了新的一页。柱列式遗迹独具特色，以往甚为罕见。

第四，与关中地区这一阶段常见的公共墓地不同，城烟遗址未发现集中的墓地，墓葬分布较分散，大多无随葬器物。这些墓葬为研究仰韶文化早期葬俗、人口数量、人口组成、婚姻关系、社会结构等提供了新资料。

第五，石雕蚕茧形态逼真，造型精美，是迄今发现的年代最早的蚕茧艺术品，是人们崇尚蚕茧、重视桑蚕业的体现，为桑蚕丝织业的研究增添了新的实物证据。

第六，城烟遗址背靠堆积巨厚的黄土山坡，有取之不尽的土源，本次发现了数量丰富、形式多样的陶窑以及窖穴内存储有陶泥块、大范围红烧土和烧灰堆积等，或许表明这里是一处以制陶业为特征的聚落，为研究当时的陶器生产、分配及流通等提供了重要资料，反映出当时聚落间可能已经开始有初步的社会分工迹象。

另外，较丰富的二里头文化遗存为研究豫西三门峡一带二里头文化的文化面貌、聚落内涵、文化传播等提供了新资料。多座陶窑保存好、相关设施齐全，弥足珍贵。其文化特征与伊洛地区典型二里头文化遗具有强烈的共性，但较缺乏陶器内壁施麻点的特征和觚、杯、爵、斝、瓦足皿、平底盆、四系罐等伊洛地区常见的器形，具有一定的地域特点。多处以陶窑为核心的陶器烧制区的发现，表明城烟二里头文化聚落某一时期很可能是以烧制陶器为主要性质的聚落，不排除聚落间有一定功能分化的可能。

（供稿：魏兴涛　张小虎　李晓燕　崔天兴）

仰韶文化早期窑址 Y30 窑室
Kiln Chamber of the Kiln Y30 of the Early Yangshao Culture

仰韶文化早期窑址 Y33 及其旁的操作场
Kiln Y33 and the Nearby Operation Place of the Early Yangshao Culture

仰韶文化早期 H539 及坑内出土的陶泥
Ash Pit H539 of the Early Yangshao Culture and the Clay Unearthed Within

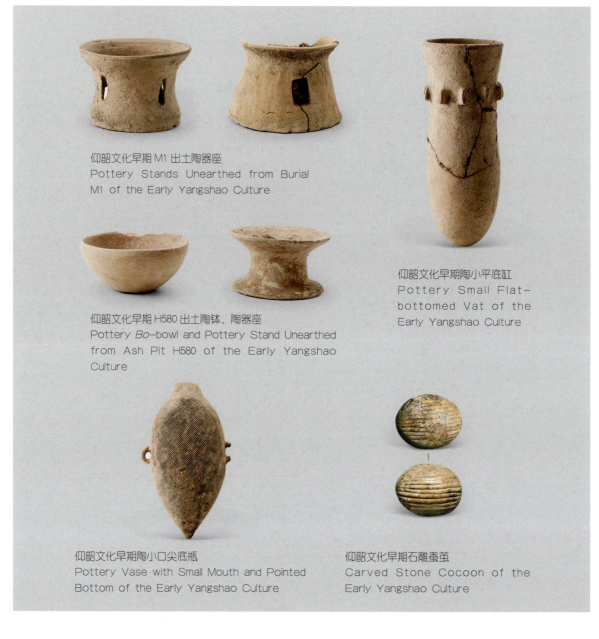

仰韶文化早期 M1 出土陶器座
Pottery Stands Unearthed from Burial M1 of the Early Yangshao Culture

仰韶文化早期 H580 出土陶钵、陶器座
Pottery *Bo*-bowl and Pottery Stand Unearthed from Ash Pit H580 of the Early Yangshao Culture

仰韶文化早期陶小平底缸
Pottery Small Flat-bottomed Vat of the Early Yangshao Culture

仰韶文化早期陶小口尖底瓶
Pottery Vase with Small Mouth and Pointed Bottom of the Early Yangshao Culture

仰韶文化早期石雕蚕茧
Carved Stone Cocoon of the Early Yangshao Culture

The Chengyan Site is located south of Chengyan Village in Chuankou Township, Lingbao City, Henan Province, with a remaining area of about 30,000 sq m. From April 2019 to June 2021, the Henan Provincial Institute of Cultural Relics and Archaeology excavated over 5,600 sq m of the site, uncovered 56 house foundations, 94 burials, 141 urn burials, 43 pottery kilns, more than 1,230 ash pits, and 24 ash trenches of various periods. The majority of remains date to the early Yangshao Culture, with some others belonging to the middle and late Yangshao Culture and the Erlitou Culture. The early Yangshao remains can be further distinguished into the Zaoyuan Type of the initial stage of Yangshao and the Dongzhuang Type of the early Yangshao. It is another large-scale excavation of the early Yangshao sites after the Banpo Site in Xi'an and the Jiangzhai Site in Lintong. The considerable newfound remains and relics provide important materials for further understanding the cultural connotation of the Dongzhuang Type of early Yangshao in western Henan and southern Shanxi areas.

河南南阳黄山遗址
2021 年发掘收获

EXCAVATION RESULTS OF THE HUANGSHAN SITE IN NANYANG, HENAN IN 2021

黄山遗址位于河南省南阳市东北部卧龙区蒲山镇黄山村北、白河西岸，分布在一处五级台地组成的高 17 米的小土山上及周围。2018年 5 月起，河南省文物考古研究院和南阳市文物考古研究所对该遗址进行了连续性主动发掘。2020 年，黄山遗址被列为"考古中国：长江中游文明化进程研究课题"重点项目。2021 年 1 ～ 12月，考古工作者在山顶区及山下西岗古河区域发掘近 600 平方米，并对通往独山的古河道进行了调查和勘探工作，在新石器时代聚落、墓葬、玉石器制作等方面取得多项重要收获。

调查和勘探结果表明，黄山遗址面积为 30 万平方米，被 3 条地下古河和白河围合，由山上和山下两部分组成，是南阳盆地最大的新石器时代遗址。勘探确认了遗址与独山间的地下古河道、独山 2 处玉料开采古矿地点，发现了与西北 3 公里盛产汉白玉和石英的蒲山之间的地下古河道，完备了遗址与独山、蒲山玉石资源供给体系。新发现和确认了耿寨遗址、大陈庄遗址、张小凹遗址、高河头遗址共 4 处仰韶和龙山时代遗址，均为一般聚落，未发现与制玉石器相关的文化遗存。

黄山遗址山顶区文化层堆积厚 3 ～ 5 米，基

仰韶 F1 与屈家岭 F5 航拍（上为北）
Aerial Photograph of the Yangshao House Foundation F1 and the Qujialing House Foundation F5 (Top is North)

仰韶 F30 与 F37（北—南）
Yangshao House Foundations F30 and F37 (N–S)

仰韶 F2 与 F7 南散水边缘的玉边角料坑（上为南）
Jade Scrap Pit on the Edge of the South Apron of
Yangshao House Foundations F2 and F7 (Top is South)

仰韶大型作坊 F32 南部墙基与石工具及石料堆（北—南）
Wall Base, Stone Tools and Stone Piles at the South
of the Yangshao Large Workshop Foundation F32 (N–S)

仰韶圆形房址 F34（西北—东南）
Yangshao Round House Foundation F34 (NW–SE)

屈家岭 M129（下）与 M123（东—西）
Qujialing Burials M129 (Lower) and M123 (E–W)

屈家岭 M109（东—西）
Qujialing Burial M109 (E–W)

屈家岭 M166 露头（东南—西北）
Exposure of the Qujialing Burial M166 (SE–NW)

屈家岭 M111（上为东）
Quijialing Burial M111 (Top is East)

屈家岭 W131（上为东）
Quijialing Urn Burial W131 (Top is East)

屈家岭 M172（南—北）
Quijialing Burial M172 (S—N)

本为新石器时代建筑垫土或红烧土倒塌堆积，层次丰富复杂，几乎每 0.1～0.2 米厚就有一层新遗迹露头。故新开探方区清理深度仅 0.8～1.5 米。多处地层内含有较多磨玉石形成的砂粒，3 处发现富集成层的磨玉石砂浆层。

山下西岗古河和码头处地层厚约 7 米，分为新石器、汉代、隋唐、明清等多个文化层。古河以东耕土层下即为残存的新石器时代遗迹、零星文化层。

2021 年清理遗迹包括仰韶文化房址、屈家岭文化房址、屈家岭文化玉石器作坊址、仰韶文化晚期至屈家岭文化早期灰坑或窖穴、屈家岭文化墓群、仰韶至屈家岭文化时期瓮棺葬、仰韶至屈家岭文化时期"运河"与港湾码头以及石家河文化灰坑。

仰韶文化房址除继续清理大型木骨泥墙"前坊后居"式建筑 F1 北部和 F2 局部外，新揭露居址或作坊 18 座，包括长方形"前坊后居"多单元式长房 1 座、"坊居合一"多单间式长房 3 座、圆形地面式房址 8 座、长方形居址 2 座、作坊 4 座。

F1 向北又发现两个单元，总数已达七个单元，长逾 24、宽约 7.25 米，面积超 150 平方米。

F2 东南部、东北部、西北部的斜坡状散水边缘发现了 1 座作坊、3 片砂石浆层及 1 个玉边角废料坑等相关遗迹。F30 为"坊居合一"式建筑，包括 3 个单元，长 8.8、宽 5.3、最大残高 0.55 米，每间设平顶式炉台 1 座，地面残存较多陶器、纺轮及少量独山石器成品和石磨具，其中一座炉台附近出土一堆成品或半成品石锛、凿、刀和骨镞等共 8 件及大型独山石核 1 件。圆形地面式房址直径 2.5～3.9 米，残存基槽、柱洞、烧土垫层，多数可能为粮仓，个别为居址。F32 为大型作坊，位于 F1 南侧，近长方形，清理部分东西长 12.5、南北宽 8.7 米，残存部分略弧的木骨泥墙、活动面、较多石工具、坯料、残石器和下部垫土层。小型作坊为长方形或圆形柱列式工棚建筑，只有 1 座残存有较多柱洞。

屈家岭文化房址 2 座，均为中小型地面式建筑，残存墙基槽、柱洞列、黄夯土垫层。其中，F26 平面呈长方形，南北长 5.66、东西宽 3.4 米；F34 平面近椭圆形，残存柱列，南北长 3.56、东西宽 2.6 米。

屈家岭文化玉石器作坊址 2 座，残存较薄的黄夯土垫层、排列整齐数量较多的磨石墩，为无墙式工棚，体现了集中式玉石器生产方式。F25 残存 8 个磨石墩、5 个柱洞、少量石器废品和石核；F33 仅残存 11 个近直线排列的磨石墩。

仰韶文化晚期至屈家岭文化早期灰坑或窖穴 51 座，包括圆形直壁、椭圆形壁柱等仓窖类，以及近长方形、不规则形等小坑类。在遗址东侧二、三层台上发现仰韶文化窖藏，说明此时遗址存在功能分区。

屈家岭文化墓群，已清理墓葬 67 座、陪葬坑 1 座及整猪坑 9 座。墓葬仍分布在仰韶"坊居"建筑周围低凹处或屈家岭房址作坊下，均为规整的东北—西南向，密集分布，大致有北墓压南墓肩部的规律。墓主多与玉石制作有关。多数有棺，随葬数量不一的猪下颌骨，以及少量玉石料、坯料、石工具和陶器，毁器葬特色明显。新发现男性一石一玉双钺单弓墓 M129、单玉钺单弓墓 M109、单玉钺墓 M123 等新类型。规模最大的 M166 刚露头，棺内已清出 100 余件猪下颌骨。女性墓仍以随葬陶纺轮和小陶罐为特色，如 M111，M172 内出土了一束 8 件疑似象牙质的纺织针、陶纺轮 1 件及玉璜 1 对。K2 为大墓 M59 的陪葬坑，出土陶器 8 件、石英 1 块、猪下颌骨一盆 20 余个。整猪坑平面近椭圆形，每坑埋侧躺式猪 1 头，性质或为祭祀坑。

仰韶至屈家岭文化时期瓮棺葬 79 座，集中分布在同期房址周围。葬具有瓮、罐、盆、钵、鼎、缸等陶器。人骨多不存，个别残存儿童人骨。屈家岭瓮棺 W131 中发现残玉璜 1 件、玉料 2 块，为新见现象。

本次发掘确定遗址西侧有长约 500、口宽 27、底宽 4.5、深约 7 米的大型新石器时代人工河（"运河"）。河内侧中央发现 1 处直径约 51 米的仰韶至屈家岭文化时期半圆形"港湾"或"码头"遗迹，岸壁揭露出大面积踩踏层，岸边清理出同期垫烧土台阶，岸上发现四回廊长方形房基、瓮棺和大量柱洞。结合勘探情况，确定河内侧的西部岗地密布遗迹，是重要的遗址组成区。

石家河文化灰坑共 3 个，均为不规则形大坑，长逾 3 米。从部分灰坑残存玉石器、石工具及较厚砂石浆层，可知此处在石家河文化早期也应生产玉石器。

2021 年发掘共出土盆、钵、豆、杯、曲腹杯、

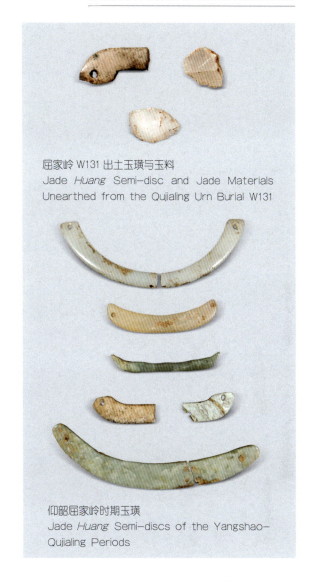

屈家岭 W131 出土玉璜与玉料
Jade *Huang* Semi-disc and Jade Materials Unearthed from the Qujialing Urn Burial W131

仰韶屈家岭时期玉璜
Jade *Huang* Semi-discs of the Yangshao-Qujialing Periods

罐、小罐、鼎、瓮、缸、器盖等陶器 219 件，纺轮 101 件；簪、铲、锥、镞、匕、梳、镞等骨器 96 件；疑似象牙的编织针、镞 10 件；耜、斧、铲、锛、凿、璜、珠等玉器 40 件，玉坯料 33 件；耜、斧、铲、锛、凿、刀、钺、镞、矛等石器 114 件。另有 1 万余件磨墩、磨片、磨棒、锉、钻等砂岩工具，石斧、钺、耜、刀、镞等坯料，石器半成品与废品，石片和石核等，以及数量丰富的独山玉、黄蜡石、石英、汉白玉等玉料和少量玛瑙、云母料。

2021 年的考古工作进一步证实，黄山遗址是南阳盆地新石器时代最大的中心性遗址，面积 30 余万平方米，仰韶、屈家岭、石家河早期玉石器生产特色突出，为新石器时代聚落和手工业研究提供了重要资料。

（供稿：马俊才　张明哲　闫海涛　王凤剑）

"港湾"踩踏岸坡与小路（西南—东北）
Trampled Bank Slope and Lane of the "Harbor" (SW—NE)

屈家岭 M59 陪葬坑 K2（上为南）
Qujialing Accompanying Burial Pit K2 of Burial M59 (Top is South)

屈家岭 4 号整猪坑（上为南）
Qujialing No.4 Whole Pig Pit (Top is South)

The Huangshan Site is located north of Huangshan Village in Pushan Town of Wolong District, northeastern Nanyang City, Henan Province. From January to December 2021, the Henan Provincial Institute of Cultural Relics and Archaeology and other institutions continued the exploratory survey and active excavation at the site. One natural river, two ancient jade mine locations, and four Neolithic sites have been confirmed during the exploration. In the nearly 600 sq m excavation area, archaeologists uncovered remains including house foundations of the Yangshao and Qujialing cultures, jade stone workshop sites of the Qujialing Culture, ash pits or cellars from the late Yangshao to the early Qujialing Cultures, burials of the Qujialing Culture, urn burials of the Yangshao-Qujialing periods, "canal" and harbor of the Yangshao-Qujialing periods, and ash pits of the Shijiahe Culture; also unearthed abundant artifacts. The excavation confirmed that the Huangshan Site is the largest central site of the Neolithic Age in the Nanyang Basin – with an area of over 300,000 sq m, and featuring outstanding jade stone production in the Yangshao, Qujialing, and early Shijiahe periods.

湖南澧县
鸡叫城遗址

JIJIAOCHENG SITE IN LI COUNTY, HUNAN

鸡叫城遗址位于湖南省常德市澧县，地处洞庭湖西北的澧阳平原，西南距城头山遗址13公里。20世纪90年代起，湖南省文物考古研究所对该遗址进行考古工作，2019～2021年，对其进行了连续考古发掘。在北、东、南、西四区分别布方，发掘总面积1850平方米，其中2021年发掘面积800平方米。

遗址西区最早的遗存是油子岭文化时期环壕。环壕淤积后，开始沿环壕外围建造城墙和护城河，其年代与北城墙的修造大致同时或略晚。与此同时，在淤满后的早期环壕内侧建造房屋，建筑活动颇为频繁。经过一段时间以后，约在屈家岭文化二期早段（约前2800年）开始垒筑台基，在台基上建造房屋。台基经多次扩建和修补，其

上的房址也经多次建造。房址的墙基分基槽红烧土墙和基槽木板墙两种，其中以带基槽木板墙的木构建筑最具特色。

　　沿早年西城墙解剖探方向东延续发掘，发现多座木构建筑，其中 F63 规模最大，保存最好。F63 由主体建筑和外围廊道组成。主体建筑外墙基槽呈长方形闭合状，方向 202°。长 42、宽 10 米，室内建筑面积 420 平方米，总面积 600 余平方米。从东向西面阔五间，除第 3、4 间各有前、

后两室外，其他三间均为一室。主体外墙及每间的隔墙均是在台基上开挖基槽，基槽打破台基。外墙基槽西部打入早期环壕淤泥层，东部打破早期地层。主体外墙基槽开口宽 1 ～ 2.6、底宽 0.5 ～ 1.5 米，深 1 ～ 1.2 米。基槽内铺设木板，木板长约 5、宽 0.42 ～ 0.46、厚 0.1 ～ 0.13、最长者可达 8 米。部分木板边缘可见抬板时留下的绳索痕迹。木板上立柱，木柱极为考究，部分保存较好。以直径约 0.5 米的半圆形大木柱为主体，间以长方形小木柱，并在转角处以四分之一圆木作为转承，以保持外立面的平整。木柱与垫板间未见榫卯，但木柱上除位于西南转角的木柱有一个穿孔以外，其余均有两侧约 45° 的斜穿孔。穿孔以上 0.2 ～ 0.4 米均已朽毁，仅保留腐泥柱痕。隔墙基槽开口宽 0.5 ～ 1.6 米，隔墙底板多叠压于主体外墙底板之上，板上所立木柱明显小于外墙木柱。推测外墙与隔墙基槽木柱凸出台基地面后将基槽填实，木柱再开孔架梁，柱间立板，形成墙壁，而后梁上铺板形成室内地面。F63 整体结构应是地台式与干栏式结合的木构建筑。经取样检测，F63 年代约为公元前 2700 年。

　　F63 主体建筑南侧和西侧有廊，西、南、东侧外数米处亦有廊，建筑方式与主体建筑有所不同。先开挖柱坑，垫短木板后立柱，局部亦有较短的基槽。

北城墙、城壕建造过程剖面示意图
Profile of the Construction Process of the North City Wall and Moat

F63 正射影像图
Orthophoto of House Foundation F63

基槽内木板
Wood Planks in the Foundation Moat

木板边绳索
Ropes Besides the Wood Plank

隔墙木底板
Wooden Bottom Plate of the Partition Wall

半圆形木柱及木柱两侧斜穿孔
Semi-circular Wooden Pillars and Oblique Perforations on Both Sides of Wooden Pillars

木板上立柱
Pillars on the Wood Plank

经检测，木构建筑木材为楠木和樟木，原材料可能来自周边山区，应距离遗址较近。

在发掘区西部发现一处谷糠层，分布面积约80平方米，平均厚0.15米。通过单位体积的谷糠密度并结合现代水稻加工的调查结果，初步推算，此处谷糠层所代表的稻谷重量约为2.2万公斤（带壳）。此次发掘仅窥一隅，勘探发现其实际分布较广。

对外围环壕和水稻田进行了局部发掘。在二重环壕南部布设2米×10米探沟，发现壕沟内土叠压于该处原始堆积之上。壕沟在使用时形成数层淤积，在沟内淤积层和沟底发现了陶片、树枝和木头，测年均为石家河文化时期，由此判断二重环壕的形成和使用年代为石家河文化时期。二重环壕北部的发掘也显示出与南部探沟一致的特点。

为确定环壕外稻田片区分布范围，选择数个发掘点进行解剖。多数发掘点因古代水稻田与现代水稻田重叠，不易辨识。但二重环壕北部外的发掘有重要突破，该发掘点位于二重环壕北部外围西北。发掘显示，在现代和历史时期水稻田下有一层黑色淤泥，淤泥层下为石家河文化时期水稻田。本次发掘仅揭露该稻田局部，稻田整体呈不规则圆形，面积不小于100平方米，并有数层水稻田叠压，其中第⑦、⑧层较早者面积较小，第⑥层较晚者面积扩大。第⑥层稻田土取样浮选出大量水稻植硅石，亦发现有水稻小穗轴、颖壳及稻田伴生杂草。第⑥层面上还有犁痕和脚印。稻田内发现陶片，年代为石家河文化时期。

通过近年连续的考古工作，取得了一系列重要成果。

第一，揭示了鸡叫城的建造与演进过程。发掘显示，遗址内最早遗存年代为彭头山文化时期，大溪文化时期再次有人定居，发展到油子岭文化时期，开始在村落的外围开掘壕沟，形成环壕聚落，面积约 4 万平方米。南区的发掘显示，该处油子岭文化时期环壕分为三期，第一期开挖的环壕规模最大，宽约 27、深约 1.5 米，第二、三期

是对早期环壕的整修与清淤，其环壕的规模亦有所缩小。两次整修与一期环壕开挖时间间隔较短，环壕的开挖和使用年代大致为油子岭文化晚期。

屈家岭文化时期将环壕填平，并在环壕外开挖城壕，挖掘城壕的土堆在内侧，形成城墙。北城墙的解剖显示，年代为屈家岭文化一期后段的 I 期城墙底宽约 5、高约 1 米。I 期城壕在使用过程中经过两次清淤，之后被人为填平，并将 I 期城墙加高和向外加宽，从而构筑 II 期城墙。此时城墙规模已经较大，城墙底宽达 17 米。II 期城墙建成后，内外坡均有人类活动，之后继续向内加宽城墙，形成了 III 期城墙。三次建造的城墙共同构成了功能一致的整体，底宽 28、顶宽 13.6、高 3.2 米，墙外护城河宽 30～50 米，城内面积 15 万平方米，鸡叫城城墙与护城河规模由此定型。

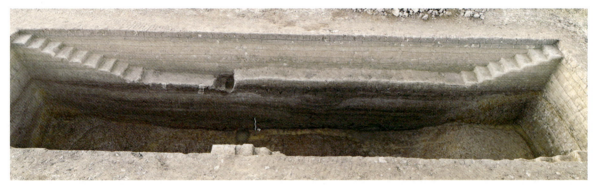

二重环壕北部探沟西剖面
West Profile of the Exploratory Trench in the North of the Double Moat

① 当代水稻田
② 现代水稻田
③ 近代水稻田
④ 宋元水稻田
⑤ₐ 稻田渗育层
⑤ᵦ 淤积层
⑥ 石家河文化水稻田 I
⑦ 石家河文化水稻田 II

石家河文化水稻田剖面
Sections of Paddy Fields of the Shijiahe Culture

这三次建造城墙的间隔不长，均在屈家岭文化一期后段。屈家岭文化二期时期城墙内坡人类活动频繁，文化堆积丰富。

第二，厘清了鸡叫城的整体布局。系统调查和发掘显示，石家河文化时期，鸡叫城形成了由城址本体、城外聚落遗址、外围环壕以及平行水渠和稻田片区所组成的城壕聚落集群。该聚落集群的基本结构布局为：护城河（一重环壕）与二重环壕之间为居住区，二重环壕与三重环壕之间，以及三重环壕之外均为水稻田。水稻田以平行水渠分隔，水渠与环壕、环壕与环壕之间亦有水系连通。护城河外坡以内面积为 23 万平方米，二重环壕外坡以内面积为 64 万平方米，这是鸡叫城聚落群的居住生活区。二重环壕外至三重环壕，以及平行水渠和农田片区为 10 平方公里，这是鸡叫城聚落群的农业生产区，在这个生产区内，已发现有 30 余个居民点。

第三，F63 作为此次发掘的大型木构建筑遗存，是新石器时代考古的重要发现。其体量超大、结构规整、基础保存完好，为我国考古百年首次发现。以 F63 为代表的木构建筑，为理解长江流域史前建筑形式与技术提供了重要资料。它的发现，填补了中国史前建筑史的空白，丰富了中国

二重环壕南部探沟西剖面
West Profile of the Exploratory Trench in the South of the Double Moat

土木建筑史的内容。

第四，海量稻谷糠壳和大型木构建筑的发现，反映出当时的生产能力和社会组织能力均已达到较高水平，为稻作农业视野下中华文明起源和早期国家形成的研究提供了重要资料。考古揭示出的多重环壕、水渠和稻田片区，亦是距今约 5000 年稻作农业社会所达到的史前文明化程度的最高阶段。多项证据显示，这时长江中游地区已进入古国时期。

第五，鸡叫城的发掘对于认识长江流域史前社会文明化进程具有重要参考价值。鸡叫城由普

石家河文化水稻田局部
Portion of the Paddy Field of the Shijiahe Culture

谷糠堆积层及显微结构
Wheat Bran Accumulation Layer and Microstructure

通居住点发展为环壕聚落，继而发展为城壕聚落及聚落集群，显示其具有跨越时间和文化的连续性与稳定性，具有极强的内在凝聚力。种种迹象表明，尽管距今约 5000 年的长江中游地区已经形成"连城网络"，也毋庸置疑鸡叫城的产生与发展是基于长江流域史前稻作农业发展的结果，而且也不能脱离连城网络，但鸡叫城社会似乎基本不从外部社会获得收益。所以，尽管本地也不可避免地受到其他地区的影响而有所改变，然而它的演化是本土传统文化与社会经济的一系列自身发展，可以在很大程度上被看作这个地区的内在演化过程。由此可以大致判断，鸡叫城聚落群依靠自给自足的稻作农业经济的支撑，完整演进了古文化—古城—古国的全过程。如果说古国是一种文明形态，那鸡叫城就是从自身泥土和稻田里长出来的农业文明——这正是中国文明产生的主要途径与方式，是中华五千多年文明赓续不绝的奥秘所在。

（供稿：郭伟民　范宪军　石涛）

二重环壕南部探沟出土陶片
Pottery Shards Unearthed from the Exploratory
Trench in the South of the Double Moat

城墙下地层出土陶器
Potteries Unearthed
from the Layer Below
the City Wall

南区壕沟出土陶器
Potteries Unearthed
from the Trench in the
Southern Area

叠压城墙地层出土陶器
Potteries Unearthed from
the Layer that Superposed
the City Wall

The Jijiaocheng Site is located in Li County, Changde City, Hunan Province. The Hunan Provincial Institute of Cultural Relics and Archaeology has excavated the site since 2018. Human activities showed were found at the site during periods of the Pengtoushan Culture and Daxi Culture. In the period of the Youziling Culture, ancestors constructed trenches around the settlement to initial a moat-surrounded settlement, based on which city walls and moat were built during the period of the Qujialing Culture. In the period of the Shijiahe Culture, the site has been into its heyday and established a clustered city-moat settlement consisting of the main body, moat, outer surrounding trenches, out-of-town settlement, water channel, and paddy field farming area, spanning over 10 sq km The large wooden building remains, and massively accumulated wheat bran layer were found in the west area of the site. These findings provide important information for understanding the civilizing process of the settlement society in prehistoric China.

西藏康马
玛不错遗址

MABU CO SITE IN KANGMAR, TIBET

玛不错遗址位于西藏自治区日喀则市康马县嘎拉乡玛不错东南方向的湖岸阶地上，海拔约4410米。2019年，中国科学院青藏高原研究所和西藏文物保护研究所等单位组成第二次青藏高原综合科学考察研究人类活动历史及其影响科考分队，在年楚河河源区开展调查时首次发现该遗址。2020～2021年，西藏文物保护研究所与中国科学院青藏高原研究所、北京大学考古文博学院组成联合考古工作队，对玛不错遗址进行了正式考古发掘。

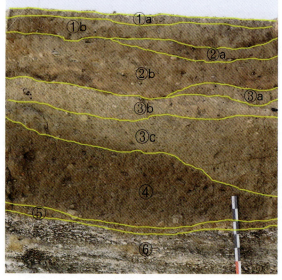

2020KMⅠTN06E03 东壁地层堆积
Stratigraphic Accumulation of the East Wall of Excavation Unit 2020KMⅠTN06E03

发掘区分为Ⅰ区和Ⅱ区，Ⅰ区为主要发掘区。以玛不错湖边土路为界，将Ⅰ区分为南北两部分。布设探方、探沟共计17个，发掘面积200平方米。发掘区文化堆积较厚，可达1.5米，文化层包含大量木炭、动物骨骼、陶片、石器和骨角器。以2020KMⅠTN06E03 东壁地层堆积为例，地层可分为6层。第①层为表土层，粉沙土，夹杂大量石块和植物根系，除部分有地表采集外基本无遗物。第②～④层为主要文化层，粉沙土与黏土层，土色以浅黄色和褐色为主，主要包含动物骨骼、炭屑、陶片、骨器、石器等遗物。第⑤、⑥层为湖滨相堆积，黄色沙土层，土质纯净，未见任何遗物。

在Ⅰ区清理墓葬10座、石构遗迹1处、灰坑2个，另在Ⅱ区清理火塘遗迹2处。墓葬10座，其中石棺墓9座、竖穴土坑墓1座。石棺墓均以大块页岩砌筑边框，平面呈不规则圆角长方形，墓向多为西南。按棺室数量可分为单室石棺墓和多室石棺墓，单室石棺墓8座，其中无葬具者7座，有木质葬具者1座；多室石棺墓1座，无葬具。竖穴土坑墓平面呈圆角长方形，墓向为西南，墓内有木质葬具。葬式主要有俯身直肢葬、二次拣骨葬、肢解葬。

根据墓葬和地层出土遗物测年数据，结合遗迹、遗物特征，可将玛不错遗址分为三期。第一期距今5300～4500年，包括墓葬6座，均为单室石棺墓，葬式为俯身直肢葬和肢解葬；第二期距今4500～4000年，包括单室石棺墓1座和第②～④层，墓

2020KMⅠNM2、2020KMⅠNM3（上为北）
Tombs 2020KMⅠNM2 and 2020KMⅠNM3 (Top is North)

遗迹分布图（上为东）
Distribution Map of the Remains (Top is East)

葬有木质葬具和火葬痕迹，葬式为俯身直肢葬；第三期距今 4000～3600 年，包括墓葬 3 座和Ⅱ区火塘 2 处，墓葬包括竖穴土坑墓、单室石棺墓和多室石棺墓各 1 座，葬式为二次拣骨葬。三期墓葬埋藏均不深，石棺边框侧板露出地表，风化严重，随葬器物少或基本不见，个别墓葬发现有陶碗、陶罐、穿孔蚌饰、玉管。

遗址出土陶、石、骨、木、玉、贝饰等各类遗物 1100 余件，采集纺织物、木炭、作物种子、植硅体、土壤微形态、沉积物古 DNA 土样、光释光等测年与检测分析样品 800 余份。陶器完整器极少，基本为陶片，器形有碗、罐、钵等，以平底、微圈足为主，极少为圜底器；纹饰丰富，包括刻划纹、戳印纹、附加堆纹、波浪纹、三角纹等，器物口沿内外、颈部、肩部、腹部均可见装饰纹样。石器材质包括水晶石、燧石、碧玉岩等，以水晶石叶石器为主要器形。骨器主要有骨簪、穿孔骨针、鱼卡、骨珠和刻纹骨管等。

玛不错遗址为雅鲁藏布江中游西藏腹心地区一处新发现的新石器时代晚期遗址，它的发掘和研究对于西藏史前考古文化具有重要意义。

第一，从发掘情况看，该遗址性质基本可确定为兼有墓地与人类生活场所的遗址。出土遗物实证了史前人类在距今 5000～4000 年已定居于西藏高原腹心区域，为西藏中部（藏南谷地）的史前文化找到了距今 5000～4000 年的"历史源头"。遗存特征同样暗示来自青藏高原东部的人群对西藏史前文明的形成发展做出突出贡献，为我国各民族交往、交流、交融与中华文明多元一体的形成提供了可信的佐证。

第二，该遗址出土陶器不同于卡若文化的平底陶器、曲贡文化的圜底和圈足陶器，展现出一

2020KM丨NM3
Tomb丨2020KM丨NM3

2021KM丨SM2 第①层出土人骨
Human Skeleton Unearthed from the Layer 1 of Tomb
2021KM丨SM2

2021KM丨NM07
Tomb 2021KM丨NM07

种新的新石器时代文化面貌，可称为"玛不错文化"。陶器以平底器为主，圈足、圜底器较少；罐、盆、钵为其主要器形；陶色以灰褐陶、灰黑陶为主；具有丰富的刻划、压印、附加堆纹、戳印等纹饰。石器以水晶石叶为主；石棺墓多采取俯身直肢抬头葬，并存在多室石棺墓类型。这些文化特征表明玛不错遗址是一支新的西藏高原独特的湖滨渔猎—狩猎考古学文化类型。

第三，玛不错人群充分利用湖泊资源的生业方式，为西藏史前经济的多样性提供了一种新的类型，丰富了构建西藏史前社会历史的素材。

（供稿：夏格旺堆 童艳）

石墙遗迹
Stone Wall Remains

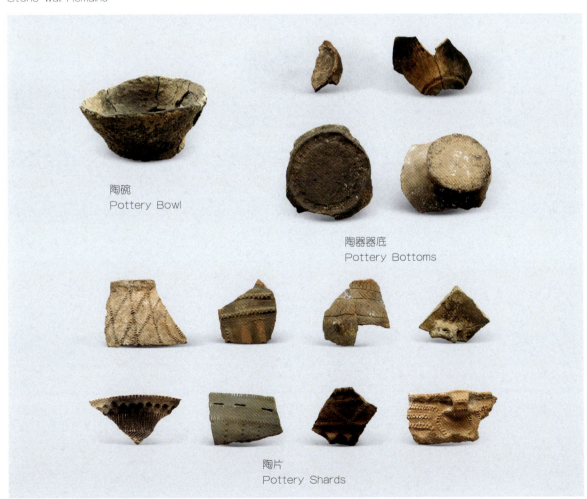

陶碗
Pottery Bowl

陶器器底
Pottery Bottoms

陶片
Pottery Shards

石器
Stone Tools

石镞
Stone Arrow

水晶器
Crystal Artifacts

玉管
Jade Tube

玉凿
Jade Chisel

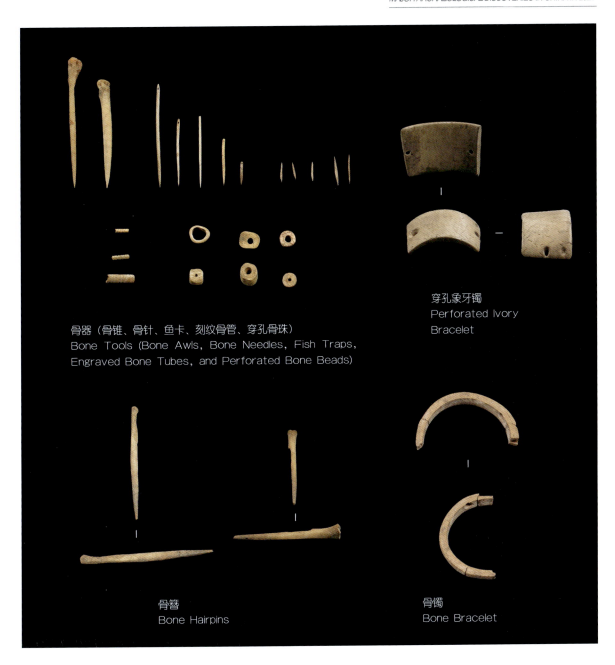

骨器（骨锥、骨针、鱼卡、刻纹骨管、穿孔骨珠）
Bone Tools (Bone Awls, Bone Needles, Fish Traps, Engraved Bone Tubes, and Perforated Bone Beads)

穿孔象牙镯
Perforated Ivory Bracelet

骨簪
Bone Hairpins

骨镯
Bone Bracelet

The Mabu Co Site is located on the lakeside terrace in the southeast of Mabu Co in Gala Township, Kangmar County, Shigatse City, Tibet Autonomous Region, at an altitude of about 4,410 m. From 2020 to 2021, the Tibetan Cultural Relics Conservation Institute and others excavated 200 sq m of the site and uncovered ten tombs, one stone structure remains, two ash pits, and two hearths. Burial types include stone coffin tombs and vertical earthen shaft pit tomb; burial systems include extended prone position burial, secondary burial, and dismembered burial. More than 1,100 pieces of various artifacts such as pottery, stone, bone, wood, jade, and shell ornaments have been unearthed. The Mabu Co Site is a late Neolithic site and cemetery in the hinterland of Tibet. It is a new unique lakeside fisher-hunter type of archaeological culture on the Tibetan plateau, so that be named the "Mabu Co Culture".

陕西西咸新区
太平新石器时代遗址

TAIPING NEOLITHIC SITE IN XIXIAN NEW AREA, SHAANXI

太平遗址位于陕西省西咸新区沣东新城斗门街道东太平庄，东北距西安主城区约15公里，地处秦岭北麓向渭河谷地延伸的河流阶地上，地势开阔平坦，地理坐标为北纬34°12′40″，东经108°47′45″，海拔约400米。2020年10月15日，习近平总书记对太平遗址的保护工作做出重要批示，陕西省委、省政府高度重视，迅速组织开展工作，对斗门水库岸线进行了调整，避让太平遗址。2021年，在国家文物局、陕西省文物局的指导下，中国社会科学院考古研究所牵头，联合陕西省考古研究院、西安市文物保护考古研究院、西北大学文化遗产学院组成太平遗址联合考古队，对该遗址开展了科学、系统的考古发掘与研究，西咸新区沣东新城管理委员会文物局负责太平遗址考古营地建设及太平遗址考古勘探发掘的外围协调和后勤保障。

发掘区域分为三处，分别位于遗址的西部、东部和北部，清理遗迹300余处。客省庄二期遗迹主要以灰坑为主，也有少量房址、陶窑、灰沟和墓葬。西区共清理灰坑76个、灰沟2条；东区共清理灰坑87个、灰沟11条、房址5座、墓葬2座、陶窑1座；发掘区东部和南部分别揭露了南环壕的东南转角和西南转角部分。

环壕边界明显，保存完好，最宽约15、最窄约10、平均深约4、最深约5.5米。底部不平坦，有连续的香肠节状凹坑，由此推测挖筑环壕的方法可能是先分组挖坑，然后将相邻的坑连通，最终形成壕沟。壕沟南岸边缘堆筑土垄，残高约0.2米。靠近聚落的内侧岸面呈斜坡状，部分区域设有汲水的缓坡平台，外侧岸面陡直，部分壁面有水平状水蚀凹槽，由此可知当时环壕内有水流，水源目前暂不明确。考虑到遗址周围地势较低，不排除环壕有储水、排涝、防洪等多种功能。两侧壁面皆可见明显的纵向挖掘工具痕迹。壕沟内坡状分层堆积中出土了较多同时期的陶片、玉石器残块、白灰面地坪残块、动物骨骼和人骨碎片，推测壕沟在废弃后成为堆放生活垃圾的场所。

环壕聚落内分布有密集的大型袋状灰坑，坑底平整，坑壁上多可见明显的斜向或竖向齿状工具挖掘痕迹。灰坑内出土了较多日常生活使用的陶器碎片、厨余的动物骨骼碎块、残断的石器和骨器以及玉器碎片等手工业生产的废弃物。推测袋状灰坑原始功能可能是用作储藏的窖穴，废弃后用于倾倒生活垃圾。

清理保存较完整的客省庄二期房址（F2）一座。房址坐西朝东，为平面呈"吕"字形的双间结构。西间地面铺白灰面一层。墙基系用花土经夯打而成，其中夹杂有零星的碎陶片、红烧土块及动物骨骼碎片，宽约0.3米。西间向东通过一条长约 0.5 米的过道与东间相连。东间周围不见墙基，西北转角处发现一直径约 0.15 米的柱洞，推测东间可能是立柱上架设棚顶的院落。东间靠近北界处有灶一座，平面呈圆角方形，被晚期灰坑打破，仅存部分红烧土烧结面。房屋地面上未发现任何遗物。

F2 以北不远处发现了一座陶窑（Y2），平面呈卵圆形。窑室系在生土中掏挖而成，烧结成青色或红色的窑壁硬面上清晰可见斜向齿状工具掏挖痕迹。窑室整体呈下宽、上渐收成穹隆顶的馒头状。窑顶已被晚期灰沟破坏不存。窑室内空间大体可以分为东西两部分，其间以一条红烧土梁相分隔。东部为底铺陶片的窑膛，西部为烧制陶坯的窑床。窑室外没有发现单独的火门和火道，故该窑系形制较为原始的同穴窑。

目前发现的客省庄二期形制规整的墓葬较少，常见灰坑葬，在灰坑堆积内保存完整的人骨架或零散人骨部位。

出土遗物 1400 余件（套），主要为石器、陶器、骨角器。石器近 600 件，主要器形有锤、刀、斧、锛、磨盘，皆为磨制石器，也有少量石英打制石片和石核。较完整陶器 430 余件（套），涵盖客省庄二期文化常见的器形和组合，主要有斝、鬲、盉、鬶、盆、尊、绳纹平底罐、喇叭口高领折肩篮纹罐、带塔式盖敛口折肩瓮、单耳罐（杯）、双耳罐、双大耳罐、三耳罐等，还出土一枚刻划精美图案的陶牌饰。骨角器约 450 件，主要为日常所用的锥、镞、匕、笄等，另有部分卜骨。遗址还出土玉器百余件，质地通透，加工精致，主要有璧、璜、笄、臂钏、佩饰等，也有少量带线切割痕的玉料、玉璧芯、毛坯等。

太平遗址是一处客省庄二期文化的大型中心性聚落。分布相对密集的大型袋状灰坑间接表明当时的农业生产力较发达，物质富裕，从而使储藏成为社会再分配的必要环节，为社会权力和社会分化的产生创造了物质基础。大量制作精致的白灰面地坪碎片表明该聚落内部应该存在若干装饰考究的高等级居址，推测当时可能已经出现了社会阶层的分化。浮选出的植物遗存表明当时人们主要以粟、黍旱作农业为主，也部分种植或引入水稻等农作物。肉食资源则主要依赖猪、狗、羊、牛等家畜，也狩猎和采集鹿科动物、田螺、河蚌等野生和水生动物。出土的一套基本完整的

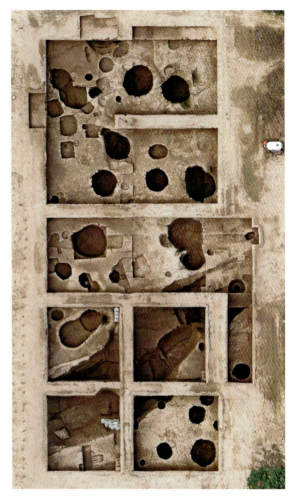

东发掘区遗迹正摄影航拍图（上为北）
Orthophoto of the Remains in the East Excavation Area (Top is North)

F2 内 Z1
Stove Z1 in House Foundation F2

操作链物质证据表明，当时聚落内部很可能已经拥有了具备一定专业化程度的玉石器手工业生产体系。出土的玉璧、璜等礼器组合，连同陶铃、卜骨等遗物初步显示出太平遗址所代表的史前社会已经出现了以礼制为核心的早期文明特征。出

大型袋状灰坑坑壁及坑底
Wall and Bottom of a Large Pouch-shaped Ash Pit

大型袋状灰坑坑内遗物堆积
Accumulation of Artifacts in a Large Pouch-shaped Ash Pit

灰坑内人骨
Human Skeleton in Ash Pit

Y2
Kiln Y2

土的陶器既有典型的客省庄二期文化的各类器形（如绳纹单把鬲、篮纹斝、花边口沿罐），也有一些来自其他周边文化区域的典型器形，如来自河南龙山文化的磨光黑陶单把杯、圈足盘、黑陶高柄豆，陶寺文化的合瓦形陶铃，山东龙山文化的陶鬶，齐家文化的泥质红陶双大耳罐、麻点绳纹罐、双耳罐、三耳罐等。这些与周边区域的文化联系表明，太平遗址已经具备了中心性聚邑的地位，是四方文化交流的辐辏之地，并奠定了关中盆地中部以周、秦、汉、唐为代表的都城文化的史前基础。

（供稿：王小庆　温成浩）

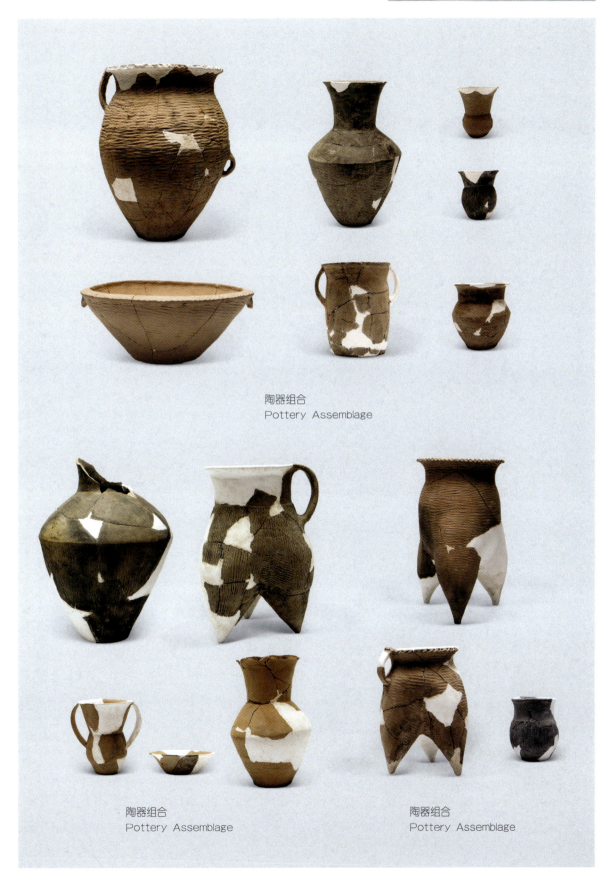

陶器组合
Pottery Assemblage

陶器组合
Pottery Assemblage

陶器组合
Pottery Assemblage

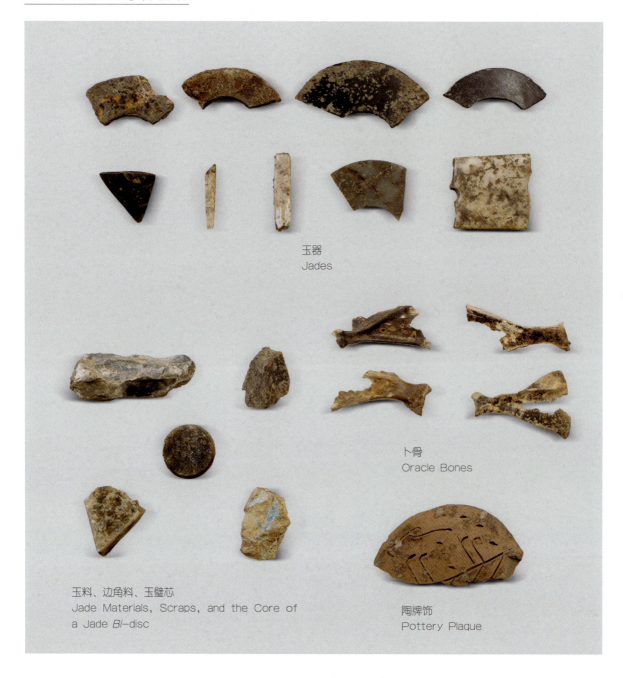

玉器
Jades

卜骨
Oracle Bones

玉料、边角料、玉璧芯
Jade Materials, Scraps, and the Core of
a Jade *Bi*-disc

陶牌饰
Pottery Plaque

The Taiping Site is situated in Doumen Street of Fengdong New City in Xixian New Area, Shaanxi Province, approximately 15 km southwest of the urban area of Xi'an. In 2021, the Institute of Archaeology of the Chinese Academy of Social Sciences and others excavated more than 300 remains at the site. The Kexingzhuang II remains mainly include ash pits and a few house foundations, pottery kilns, ash trenches, and burial; the work particularly focused on uncovering a moat section of the Kexingzhuang II. More than 1,400 pieces (sets) of artifacts primarily made of stone, pottery, bone and horn were unearthed; other gains included over 100 pieces of jade, oracle bones that are regular in shape, and the pottery plaque that is exquisite in decoration. The Taiping Site is a large central settlement of the Kexingzhuang II Culture, laid the prehistoric foundation of the capital culture represented by Zhou, Qin, Han, and Tang Dynasties in the Guanzhong basin.

甘肃灵台
桥村新石器时代遗址

QIAOCUN NEOLITHIC SITE IN LINGTAI, GANSU

桥村遗址位于甘肃省灵台县西屯镇北庄村桥村社，地处陇东地区南部，靠近甘陕交界处。遗址分布于黑河与达溪河形成的分水岭中部向北延伸的一块次级台地边缘，地形西高东低，平均海拔1205米。

1975年，桥村社村民在遗址区域内发现玉器47件；1977年，桥村遗址被考古工作人员正式确认。1978年，甘肃省博物馆考古队对遗址进行了试掘，初步认定遗址面积逾1万平方米，试掘清理袋状灰坑7个，出土大量陶器、石器、骨器等，并发现了卜骨等与祭祀相关的遗物。2013年，桥村遗址被公布为全国重点文物保护单位。2017年，第三次全国文物普查期间重新确认了遗址范围，核定遗址面积约70万平方米。

为了推进"考古中国：河套地区聚落与社会研究"课题的进行，2018～2019年，甘肃省文物考古研究所与北京大学考古文博学院合作开展了桥村遗址的区域系统调查，调查显示桥村聚落由边缘区和核心区两个部分组成，其中核心区面积达103.4万平方米。2018～2021年，合作双方在调查的基础上对该遗址进行了持续性考古发掘。在遗址核心区所在台地东侧边缘设发掘区2处，布设5米×5米探方72个，揭露面积1475平方米。清理了大量龙山时代晚期遗存，包括方坑253个、灰坑170个、墓葬2座、房址1座、沟剖面1处。

方坑分为长方形和正方形两大类，以长方形为主。方向分为东南—西北、东北—西南两种，具有一定的排列布局规律。坑内堆积可分为两类，第一类是以混杂炭屑和红烧土颗粒等填土为主的

方坑 K31
Square Pit K31

袋状灰坑 H125
Pouch-shaped Ash Pit H125

M2
Tomb M2

堆积，堆积分层较为明显，其内出土较多陶片、石块和动物骨骼等；第二类是以较为纯净的黄土和红黏土等填土为主的堆积，堆积分层不太明显，其内出土少量或极少陶片、石块和动物骨骼等。

灰坑分为袋状和筒状两类，以袋状为主，个别灰坑底部中心有圆形黄土台。坑内出土遗物普遍较为丰富，其中，H37 出土了大量陶器、骨器和石器等。陶器主要包括花边口罐、双耳罐、单耳罐、侈口罐、罐形斝、鬲、盆和盘等。H133 出土了大量陶瓦标本，筒瓦、板瓦均有发现，尤其是出土的带耳异形板瓦形制特别。此外，还出土了陶泥抹子等建筑工具。

墓葬均为竖穴土坑墓，葬式为单人仰身直肢葬，无随葬器物。其中，M2 墓道近底部有熟土二层台，但未发现棺椁，墓底部分区域下陷。人骨保存较为完整。

房址（F1）为单室结构，平面为圆角长方形，呈西北—东南向，因被数个方坑打破而结构不完整。南北长约 5.3、东西宽约 3.6 米，室内面积约 19.1 平方米。室内地面涂抹一层厚 0.003 ~ 0.005 米的白灰面，白灰面之下为红黏土垫土层。房址西南侧发现了集中分布的红烧土堆积，形状不甚规则，推测与房址内设灶有关。房址南侧分布有较大范围的踩踏面，结合房址南侧中间白灰面有一段向南延伸的现象，推测此处可能为门道位置。

沟剖面位于第 I 发掘区东侧约 40 米处，海拔高度较第 I 发掘区低 1.8 ~ 2 米。沟剖面呈东西向，开口于现代耕土层下，开口距地表 0.3 ~ 0.6 米。沟剖面打破生土，同时被 H144、H145 打破。口宽底窄，剖面近倒梯形。口部宽 10.1、底部宽 1.95、深 6.75 米。沟内堆积分为 52 层，堆积内夹杂较多红烧土块、炭屑和白灰面残块等，出土大量陶瓦、陶片、石块和动物骨骼等，尤以陶瓦为大宗。

桥村遗址出土遗物丰富，包括陶器、骨器、石器、玉器等，以及大量动、植物遗存。陶器以泥质红陶和夹砂红陶为主，泥质橙黄陶和泥质灰陶次之，夹砂灰褐陶占一定比例，也发现少量泥质黑陶和夹砂黑陶。典型陶器有双大耳罐、双耳罐、高领罐、花边口罐、盘、缸、斝、鬲、甑和器盖等。纹饰主要有绳纹、篮纹和附加堆纹，以及少量剔刺纹、刻划纹和篦纹等。骨器以锥、镞为主，还包括针、笄等，此外还出土一些骨料和半成品。石器主要包括璧、刀、斧、锤、纺轮等。玉器以磨制为主,主要包括璜、锛、饰件等。动物遗存种属包括猪、牛、羊、马鹿、梅花鹿、鼠和蚌等。植物遗存包括粟、黍、稻、大豆以及数量较多的小型豆科杂草,显示出以粟为主的旱作农业结构,数量较多的小型豆科杂草可能反映了豆科杂草在当时被有意利用,可能是食物种类之一。

值得注意的是遗址出土的大量陶瓦标本。初步统计,出土的陶瓦标本及碎片共 2000 余件。从形态特征来看,可分为筒瓦和板瓦两大类,每类陶瓦均有不同规格。从测量数据来看,桥村陶瓦与目前发现的历史时期筒瓦、板瓦的存量比例较为接近。除桥村遗址外,目前中国境内明确发现龙山时代陶瓦的地点有山西襄汾陶寺遗址、陕西宝鸡桥镇遗址、延安芦山峁遗址、神木石峁遗址、甘肃灵台蒋家嘴遗址和泾川俭头遗址等。相比而言,桥村遗址是目前已知陶瓦出土数量最多、类型最为丰富的龙山时代遗址。

桥村遗址还出土了一批典型的陶器,相对年代与陕西岐山双庵遗址 H4、宝鸡蔡家河遗址 H29、宝鸡石嘴头遗址 H4 等遗存年代相当。结合器形和纹饰特征分析,桥村遗址与以陕西岐山双庵遗址为代表的双庵类型遗存整体面貌较为一致,据此认为桥村遗址的主体文化遗存属于龙山

时代晚期。

桥村遗址调查与发掘的阶段性收获,不但为完善甘肃陇东地区史前考古学文化序列提供了新的实物资料,而且为探讨桥村遗址所在的陇东地区与陕西关中、宁夏东南部、陕北及内蒙古中南部地区之间的区域文化互动关系提供了重要基础。遗址中出土的大量陶瓦标本,更是对研究早期建筑材料的起源与发展演变有重要价值。

(供稿:周静 李文 张海)

白灰面房址 F1
House Foundation F1 with White Plaster Floor

沟剖面(PM1)堆积
Accumulation on the Trench Section PM1

筒瓦
Semi-cylindrical Tile

板瓦
Flat Tile

板瓦
Flat Tile

板瓦
Flat Tile

陶蛹形器
Pottery Pupa-shaped Object

陶斧
Pottery Axe

陶拍
Pottery Stamp

玉璜
Jade *Huang* Semi-disc

玉锛
Jade Adze

石璧
Stone *Bi*-disc

石刀
Stone Knife

卜骨
Oracle Bone

骨铲
Bone Spade

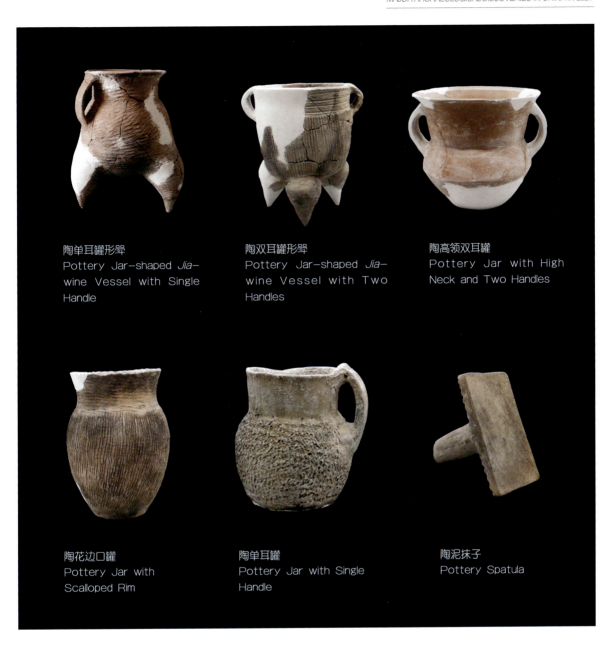

陶单耳罐形斝
Pottery Jar-shaped *Jia*-wine Vessel with Single Handle

陶双耳罐形斝
Pottery Jar-shaped *Jia*-wine Vessel with Two Handles

陶高领双耳罐
Pottery Jar with High Neck and Two Handles

陶花边口罐
Pottery Jar with Scalloped Rim

陶单耳罐
Pottery Jar with Single Handle

陶泥抹子
Pottery Spatula

The Qiaocun Site is located in Qiaocun Commune of Beizhuang Village in Xitun Town, Lingtai County, Gansu Province. From 2018 to 2021, the Gansu Provincial Institute of Cultural Relics and Archaeology and the School of Archaeology and Museology of Peking University carried out continuous joint excavations of 1,475 sq m at the site. Considerable remains of the late Longshan era were uncovered, including 253 square pits, 170 ash pits, 2 tombs, 1 house foundation, and 1 trench section. Abundant artifacts made of pottery, bone, stone, jade, etc., were unearthed, along with copious animal and plant remains; the most remarkable findings are massive pottery tiles of the late Longshan era. The excavation places significance for studying the evolution of the settlement structure and the interaction of regional cultures during the late Longshan period in east Gansu. The vast amount of unearthed pottery tile specimens also provides physical data for studying the origin and evolution of early building materials.

甘肃庆阳西峰区
南佐遗址 2021 年发掘收获

EXCAVATION RESULTS OF THE NANZUO SITE IN XIFENG DISTRICT, QINGYANG, GANSU IN 2021

南佐遗址位于甘肃省庆阳市西峰区后官寨镇南佐村，地处泾河一级支流蒲河左岸董志塬西部，地理坐标为北纬 35°68′92″，东经 107°60′41″。董志塬古称"大（太）原""豳地"，是黄土高原最大的塬地。塬面南北长 110、东西最宽处 50 公里，总面积约 910 平方公里，海拔 1300～1400 米。

南佐遗址发现于 1958 年，时称南佐疙瘩渠仰韶文化遗址，2001 年被列为第五批全国重点文物保护单位，改称南佐遗址。1984～1996 年，甘肃省文物

遗址核心区布局图
Layout of the Core Area of the Site

考古研究所等对南佐遗址先后进行了 6 次考古发掘工作，揭露面积 1300 平方米，发现较为丰富的仰韶文化晚期遗存。最重要的是揭露出一座仰韶文化晚期的大型夯土墙建筑 F1，恰好位于九座大型长方形夯土台所围成的遗址核心区的中央北部。F1 室内面积约 630 平方米，主室地面有直径约 3.2 米的大型火坛。2014 年和 2020 年，甘肃省文物考古研究所对南佐遗址进行了重点勘探，勘探面积约 22 万平方米，在九座夯土台外侧发现相邻的两重环壕，在九座夯土台内核心区 F1 周围发现大面积建筑遗存。

2021 年 6～11 月，甘肃省文物考古研究所、中国人民大学、西北工业大学、兰州大学等单位对南佐遗址开展了主动性发掘。发掘分为大型夯土建筑区和一号夯土台西侧两个区域。

重新揭露了 F1 前厅东、西墙局部，在 F1 东侧和南侧，新发现夯土墙房屋建筑 6 座、灰坑 22 个以及河流形遗迹 1 处。根据地层关系和 14C 测年结果判断，大型夯土建筑区的年代为距今 5200～4600 年，整体属于仰韶文化晚期至庙底沟二期早段。大型夯土建筑区连续使用，可分不同阶段。

偏早阶段以 F1 和其东侧附属联排式房屋 F3、F5、F6 的本体结构为代表，14C 测年为距今 5200～4850 年。房屋废弃后均以夯土填实。

F1 前厅东、西墙为夯土墙，墙体宽约 1.5 米，两墙内侧间距约 18 米，夯土墙内、外侧均有附壁柱，墙体现存高度距室内地面约 2 米。地面和墙表面均先涂抹草拌泥，再涂抹白灰面，白灰面有多层结构，应是经过长时间的使用和反复修缮。在东、西墙内侧和外侧白灰地面上发现成排的柱洞。F1

大型夯土建筑区航拍图
Aerial Photograph of the Large Rammed-earth Building Complex

一号夯土台西侧正射影像图
Orthophoto of the West Side of
the Rammed-earth Platform No.1

东侧的 F3、F5、F6 为联排式夯土墙建筑，与 F1 构成一组建筑组群。单间室内面积为 20～30 平方米，排房之间有通道和走廊相连。所有地面和墙壁均涂抹草拌泥和白灰面，夯土墙内侧有附壁柱。F5 地面还发现直径约 1.2 米的火坛。F3、F5、F6 等夯土建筑停用以后用版筑法夯土填实，夯窝及版筑痕迹清晰可见。F1 废弃后前室采用黑褐色与浅黄色土相间夯填，夯填方式极其考究。

F2 位于 F1 东侧，应为 F1 等大型夯土建筑夯填时预留的祭祀仪式性场所。地面烧成青灰色硬面，东侧有一排南北向的柱洞，地面摆放有大型彩陶罐等器物，室内面积约 60 平方米。F1 东墙东侧和 F2 西墙西侧之间的空间是分多次堆筑回填而成，堆积内包含大量炭化水稻和烧土颗粒。在其底部地面上还发现一处河流形遗迹。F2 与 F1 等建筑空间夯土填实方式不同，其空间内有多层堆积，包含大量特殊的陶器、石器、骨器、动物骨骼、炭化水稻、红烧土等。特别值得注意的是出土陶器中发现有数百件大小不一的箍白泥附加堆纹夹砂罐，还出土白衣陶簋、带盖白陶簋、黑陶器、朱砂彩绘陶器，大型彩陶罐、带塞盖喇叭口平底彩陶瓶、陶抄、陶折腹盆等器物，这些器物形制较为特殊，当为举行祭祀或礼仪活动的祭器或礼器。此外，F2 出土较多涂朱砂的石镞、骨镞，类

F5 中央火坛
Central Fire Altar of House Foundation F5

河流形遗迹
River-shaped Remains

F1 内夯填土
Rammed Earth Fill of House Foundation F1

F2
House Foundation F2

似后世周天子赏赐诸侯的"彤矢"。出土的动物骨骸主要为家猪骨和鹿角，也有少量绵羊骨。更为重要的是还出土大量炭化水稻遗存，在整个黄土高原地区罕见。F2出土的高等级特殊器物，以及大量水稻和特殊动物遗存，显示出以F1为代表的大型夯土建筑区在遗址中的特殊地位。

F1南侧夯土回填后，在其上修建了F4和F7等联排式建筑，墙体亦为夯土墙，墙宽1～1.2米，墙体外侧有料姜石铺垫的散水面。室内地面是先铺一层料姜石，然后再涂抹白灰面。F2、F4、F7等房屋废弃后，又有偏晚阶段的打破F4、F7的灰坑类遗迹，出土少量陶片和动物骨骼，底部常有石板、石块，排列整齐，性质不明。

在一号夯土台西侧进行了解剖性发掘。一号夯土台现存平面近长方形，长约40、宽约22、残高2～3米，面积约880平方米。夯土台底部是用黄土和黑褐土交互夯垫而成，上部用版筑法夯筑而成。通过勘探和解剖发掘可知，一号夯土台西侧壕沟局部宽约20、深约10米，壕沟南侧和底部以2～4米厚的夯土加固，以防流水对自然黄土沟壁的破坏。壕沟紧贴一号夯土台西侧底部边缘修建，表明壕沟的修建年代与一号夯土台大体相同。壕沟内出土陶片属于仰韶文化晚期，年代为距今4850～4500年，推测夯土台年代与壕沟以及

大型夯土建筑区基本一致。

通过对夯土台外围更大范围内的调查和勘探，在遗址的东、南、北三面找到了外环壕的遗迹，外环壕内面积约600万平方米。外环壕以内地表都能采集到仰韶文化晚期陶片。

此次考古工作表明，南佐遗址是陇东黄土高原上一处仰韶文化晚期具有都邑性质的大型高等级中心聚落。其核心区由9个长方形大型夯土台和中央的大型夯土建筑区组成，面积约30万平方米，其外围有两重环壕环绕。9个大型夯土台对称分布且位于聚落中央，大型夯土建筑区位于九台北部中央，布局严整。F1位于大型夯土建筑区中央，仅室内面积就达630平方米，其体量、规模在同时期非常罕见。大型夯土建筑区不仅结构布局严谨，还出土了大量祭祀和礼仪色彩浓厚的器物和动植物遗存，表明其可能具有"宫城"性质。这些发现均显示南佐遗址存在强大的社会公共权力，当为探索早期中华文明的关键性核心遗址之一，实证仰韶文化晚期陇东地区已进入早期国家或者文明社会阶段。

南佐遗址的发现对于客观认识黄河中游地区、黄土高原尤其是陇东地区在中华文明起源和形成过程中的关键地位以及实证中华五千年文明史，具有重要意义。

（供稿：张小宁　徐紫瑾　李小龙　韩建业）

白泥附加堆纹陶罐
Pottery Jars Attached with White Clay-coiled Patterns

白衣陶簋
Pottery *Gui*-tureen with White Coating

白陶带盖圈足罐
White Pottery Jar with Lid and Ring Foot

彩陶罐
Painted Pottery Jar

带塞盖喇叭口平底彩陶瓶
Painted Pottery Vase with Stopper, Flared Mouth, and Flat Bottom

陶抄
Pottery *Chao* (Capacity Measuring Tool)

涂朱砂石镞
Cinnabar-coated Stone Arrowheads

陶折腹盆
Pottery Basin with Folded Belly

涂朱砂骨镞
Cinnabar-coated Bone Arrowheads

The Nanzuo Site is located in Nanzuo Village, Houguanzhai Town, Xifeng District, Qingyang City, Gansu Province. It was discovered in 1958 and actively excavated by the Gansu Provincial Institute of Cultural Relics and Archaeology in 2021. The site consists of nine large rammed-earth platforms, the central large rammed-earth building complex, and an outer moat, spanning over nearly 6 million sq m and dating to the late Yangshao Culture of around 5000 BP. Numerous potteries, stone tools, bone tools, animal bones, carbonized rice, burned soil, etc., were unearthed, of which the sand-tempered jars attached with white clay-coiled patterns are relatively unique. The Nanzuo Site is a large high-class central settlement of the late Yangshao Culture, with the nature of the captital, on the Loess Plateau of the east Gansu. Its discovery offers new materials for deeply studying the settlement and society of the late Yangshao Culture in east Gansu.

甘肃张家川
圪垯川遗址

GEDACHUAN SITE IN ZHANGJIACHUAN, GANSU

圪垯川遗址位于甘肃省张家川回族自治县大阳镇闫家村东北 1.5 公里处，西距大地湾遗址约 15 公里。遗址及周边为典型黄土高原沟谷地貌，分布着仰韶文化、齐家文化、汉代遗址及墓葬、宋明时期墓葬。其中，仰韶文化遗址位于川内两河交汇的台地最高处，遗址区东西长约 400、南北宽约 400 米，面积约 16 万平方米，自仰韶早期延续至仰韶晚期。2021 年，为配合基本建设，甘肃省文物考古研究所对该遗址进行了发掘，清理包括仰韶、齐家、汉、宋、明时期遗迹 950 余处，其中仰韶文化遗迹 870 处，取得了重要收获。

仰韶早期遗存发现了保存相对完好的史家类型大型环壕聚落，聚落有明显的功能分区，经钻探确认，环壕内为居住区，环壕外东南部疑似有陶窑区，西北部疑似有墓葬区。环壕平面近圆形，南北略长，南北最长处 320、东西最宽处 250 米，环壕内面积约 8 万平方米。经解剖发掘确认，环

壕为三重，人工挖掘形成，形制规整，局部坍塌。内、中、外三重环壕平行分布，内侧环壕较窄且浅，外侧环壕最宽且深，三重环壕由内向外逐渐加宽加深，壕沟剖面呈 U 形。环壕中心为广场，周边向心分布成组的房屋。目前，环壕内共确认房屋100 余座，已发掘 60 余座。房址布局以紧靠广场的东、南、北三座大型房屋为中心（西部破坏严重）成组分布，每组房屋由大型房屋 1 座及中、小型房屋 5 ～ 45 座组成，大型房屋门道指向广场，中、小型房屋门道大多指向大型房屋或广场。房屋间有圆形或方形窖穴，口大底小，平底袋状，大部分窖穴四壁经黄泥涂抹加工，个别窖穴内发现有埋人的现象。房屋均为方形半地穴式，大部分房址结构保存完整，由门道、墙壁、地面、灶坑、土台、平台、柱洞等组成，房屋地面、墙壁、平台都经过精细加工，一般下部涂抹细泥，之上有红色和灰黑色烧结硬面。大型房屋面积约 100 平方米，中型房屋面积 20 ～ 50 平方米，小型房屋面积 10 ～ 20 平方米。中心广场发现大型粮仓 1 座，为圆形袋状窖穴，容积近 60 立方米，底部保存有厚 0.4 ～ 0.6 米的炭化粟黍遗存，体积大于 10 立方米，粟黍遗存之下有一层木炭，可能为粮仓底

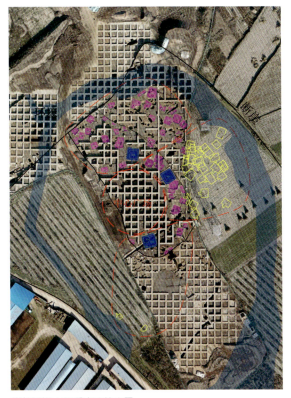

仰韶早期大型环壕聚落布局
Layout of the Early Yangshao Large-scale Moat-surrounded Settlement

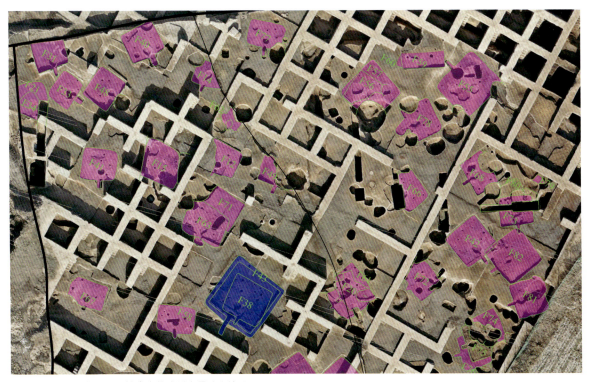

仰韶早期以大型房屋 F43 为中心的成组房屋分布情况
Distribution of Group of Houses Surrounding the Early Yangshao Large House Foundation F43

仰韶早期大型房屋 F43
Early Yangshao Large House Foundation F43

仰韶早期中型房屋 F38
Early Yangshao Medium House Foundation F38

仰韶早期小型房屋 F41
Early Yangshao Small House Foundation F41

仰韶早期大型房屋 F65
Early Yangshao Large House Foundation F65

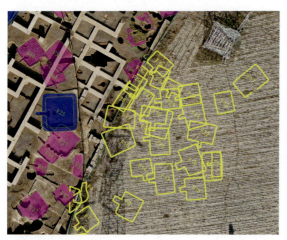

仰韶早期以大型房屋 F25 为中心的成组房屋分布情况
Distribution of Group of Houses Surrounding the
Early Yangshao Large House Foundation F25

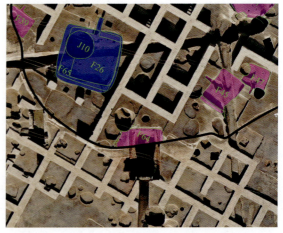

仰韶早期以大型房屋 F65 为中心的成组房屋分布情况
Distribution of Group of Houses Surrounding the
Early Yangshao Large House Foundation F65

仰韶早期大型粮仓 J10（北—南）
Early Yangshao Large Granary J10 (N–S)

仰韶早期 M88（西—东）
Early Yangshao Tomb M88 (W–E)

汉墓 M1、M2 及其外围壕沟
Tombs M1, M2 of the Han Dynasty and Surrounding Trench

部垫木，现已炭化。中心广场西南部集中分布墓葬 20 座，南北向分布，均为竖穴土坑墓，部分墓葬一侧有侧坑，流行单人仰身直肢葬和二次合葬，随葬器物置于侧坑内和人骨周围。发现少量瓮棺葬，由两个大瓮相扣，瓮内发现少量人骨。随葬陶器组合为圜底盆、圜底钵、侈口筒腹罐、葫芦瓶、器盖等，另有蚌壳、骨笄、骨环等，个别墓葬随葬完整的猪头骨。

仰韶中晚期聚落组成包括房址、灰坑、灰沟、灶址、活动面、窑址等，聚落内房址的分布和布局不明。仰韶文化中期为庙底沟类型遗存，房屋形制与早期一致，仅个别房屋保存完整，大部分仅存局部或地面，保存完整的房址一般由地面、墙壁、灶坑、柱洞、门道组成，较大的房址面积 20 ～ 30 平方米，较小的房址面积约 10 平方米。灰坑平面多为方形、圆形或不规则形。窑址破坏严重，仅存圆形的窑底。灶址为平面呈圆形的灶坑。仰韶晚期遗存破坏严重，聚落布局不明，房址仅剩白灰面地面，形制不明，灰坑、灶址、窑址形制与中期遗迹一致。

仰韶遗址出土器物包括陶、石、骨、牙、蚌器及动物和炭化植物遗存等。陶器以泥质红陶和夹砂红陶为主，泥质灰陶较少，泥质红陶大部分为彩陶，夹砂陶饰有线纹、绳纹、刻划纹、附加堆纹等。仰韶早期彩陶纹饰以鱼纹最为普遍，几何形纹也较常见，由直线、折线和波线组成；仰韶中期彩陶纹饰基本由圆点、勾叶、弧线三角及曲线等元素组成富于变化的连续带状图案；仰韶晚期彩陶纹饰以波折纹、宽带纹为主。器形有尖底瓶、平底瓶、瓮、圜底盆、曲腹盆、平底盆、圜底钵、平底钵、侈口筒腹罐、葫芦瓶、瓮及器盖等。玉石器主要包括穿孔石刀、石斧、石铲、石钺、石球、玉权杖头等。骨牙器主要为锥、笄、镞、项饰等。炭化植物遗存以农作物粟、黍为主，且黍占比较大。动物骨骼遗存主要包括家养动物猪、狗和野生动物鹿、狍等。

圪垯川仰韶聚落被汉、宋时期墓葬打破，遗址东南部分布着汉代太原城城址 1 座，周边分布有大量汉代遗址、墓葬和宋明墓葬，面积约 5 平方公里。汉墓以大型砖室墓为主，2 或 3 座成组分布，个别组合墓葬外有壕沟，个别大墓结构复杂，由前室、后室、耳室组成，墓葬之上发现建筑遗迹。宋墓为竖穴墓道偏洞室墓，4～10 座或 10 座以上成组分布，判断是由不同家族墓地组成的大型公共墓地。明墓主要为竖穴土洞墓，流行火葬，大部分棺内为烧骨。汉墓出土灰陶、釉陶器组合及少量铜器，汉代遗址区出土了大型筒瓦、板瓦和瓦当等，宋墓出土少量瓷、陶器等。

仰韶早期史家类型环壕聚落面积约 8 万平方米，^{14}C 测年数据显示其绝对年代为距今 6100～5600 年，是黄河流域目前发现的保存最完整、内涵最丰富的仰韶文化早期聚落之一，是陇西黄土高原继大地湾遗址之后又一重要考古发现，代表了仰韶文化发展过程中的一个关键时期，证实本区域与关中地区和中原地区一样是仰韶文化的中心之一，在中华文明起源过程中具有极为重要的地位。

史家类型大型粮仓及其内保存的粟黍遗存，为研究仰韶早期人群农业种植、农作物加工及储存技术、人类生业经济提供了实物资料，对探讨中国北方地区粟黍作物驯化后粟黍农业的建立意义重大。

圪垯川遗址出土代表权力和威仪的玉权杖头和大型石钺，对认识圪垯川仰韶早期社会复杂化进程具有重要意义，也为探讨其早期社会结构和组织形式提供了重要资料。

圪垯川遗址周边汉代遗存以大型城址为中心，遗址和墓葬群依河分布，发现有成组的大型砖室墓，且个别大型墓有壕沟和墓上建筑。根据汉代城址、高等级墓葬及出土的大型筒瓦、板瓦等，并结合文献记载的汉代凉州刺史部治所在陇县（即今张家川县），推测圪垯川遗址所在的大阳镇一带可能是汉代凉州刺史部治所所在地。

（供稿：陈国科　杨谊时）

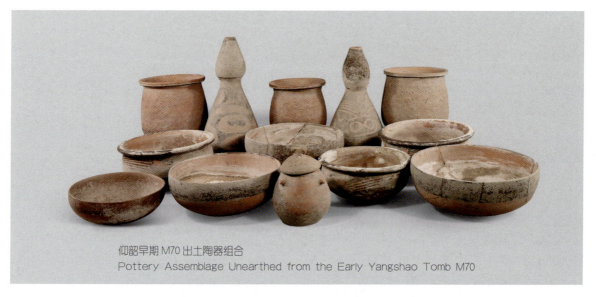

仰韶早期 M70 出土陶器组合
Pottery Assemblage Unearthed from the Early Yangshao Tomb M70

仰韶中期石钺
Stone *Yue*–battle Axe of
the Middle Yangshao Period

仰韶早期 M65 出土陶器组合
Pottery Assemblage Unearthed from the Early
Yangshao Tomb M65

仰韶早期 F78 出土玉权权头
Jade Scepter Head Unearthed
from the Early Yangshao
House Foundation F78

仰韶早期 H408 出土陶尖底罐
Pottery Jar with a Pointed
Bottom Unearthed from the
Early Yangshao Ash Pit H408

仰韶早期 F40 出土陶尖底瓶
Pottery Vase with a Pointed
Bottom Unearthed from
the Early Yangshao House
Foundation F40

仰韶早期 F37 出土陶葫芦瓶
Pottery Gourd–shaped Vase
Unearthed from the Early
Yangshao House Foundation
F37

The Gedachuan Site is located 1.5 km northeast of Yanjia Village in Dayang Town, Zhangjiachuan Hui Autonomous County, Gansu Province. The site and its surroundings are typical gully landforms of the Loess Plateau. The Yangshao Cultural site is at the highest point of the terrace situated at the confluence of two rivers in the Zhangjiachuan area. In 2021, to cooperate with the capital construction, the Gansu Provincial Institute of Cultural Relics and Archaeology excavated the site. Archaeologists uncovered over 950 remains of the Yangshao, Qijia, Han, Song, and Ming periods, among which 870 belong to the Yangshao Culture. The newfound large moat-surrounded settlement of the Shijia Type, Yangshao Culture, is one of the most complete-preserved early Yangshao settlements with the richest connotations found in the Yellow River Basin so far. It places great significance on investigating the role of the Loess Plateau in West Gansu in the origin of Chinese civilization, as well as the process of early social complexity in this area.

浙江杭州
余杭小古城遗址

XIAOGUCHENG SITE IN YUHANG, HANGZHOU, ZHEJIANG

小古城遗址位于浙江省杭州市余杭区径山镇小古城村东南部，原属俞家堰村，处于杭州 C 形盆地西北角，与浙北地区同文化类型的大型遗址分布规律基本一致，扼守交通要道，控制着太湖与钱塘江地区之间的沟通交流。遗址总面积约 35 万平方米，含一座城址与城外东南方向延伸出去的小范围遗址区，城址的城墙遗迹在地面上仍多有保留，城内面积约 25 万平方米，是浙北地区马桥文化、"后马桥文化"时期等级最高的中心聚落之一。

2015 年 11 月以来，逐步开始了对小古城遗址系统的考古工作，这是浙江省文物考古研究所商周考古室成立以来最早确立的商周时期大课题研究项目之一——"东苕溪流域商时期文化与社会"的重要组成。自良渚王国消亡以来，浙北地区到了商时期，再一次出现了文明复兴的状态，大量马桥文化、"后马桥文化"的遗址如雨后春笋般不断形成，并且沿着天目山东麓形成了以城址、

北城墙商时期水门遗迹
The Shang Period Water Gate Remains in the Northern City Wall

北城墙商时期水门木构遗存（上为南）
The Wooden Structure Remains of the Shang Period
Water Gate in the Northern City Wall (Top is South)

湖西发掘区火塘遗迹
Hearth Remains in the Huxi Excavation Area

大型聚落、手工业遗址聚集群等线性分布的核心遗址区，新的文明内涵虽然仍保留着良渚文明以来若干东南地区的技术与传统，但区域聚落格局、考古学文化、社会组织形态等文明因素已展现出显著的差异。为深入探索商时期浙北地区的文明模式，填补中国东南地区文明化进程的空白，以昆山、小古城、下菇城等为核心的系统考古工作，按照共同的学术目标与基本工作规划逐步展开。

2019 年始，国家文物局批复"小古城遗址第一期考古工作规划"，旨在探索该遗址主要考古学文化的谱系与年代，以及遗址聚落结构、功能分区等两方面的问题。

目前已知小古城遗址年代最早的文化层堆积属于马家浜文化，其后良渚文化的地层堆积分布更为广泛，小古城遗址西距良渚古城仅 10 公里，应当也属于良渚遗址群的一部分；至商时期，小

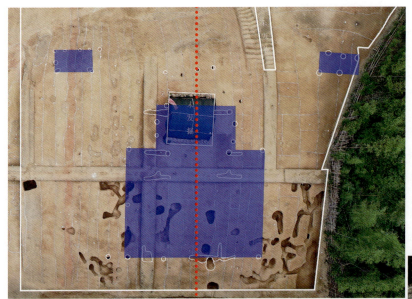

庙山发掘区人工高台顶部建筑群（上为北）
Building Complex on the Top of the Artificial High Platform in Miaoshan Excavation Area (Top is North)

湖西发掘区建筑群
Building Complex in Huxi Excavation Area

古城遗址迎来发展的高峰，马桥文化与"后马桥文化"的堆积遍布城址内外，这一时期的文化层厚度可达 3 米以上，与大多数马桥文化、"后马桥文化"遗址地层堆积薄弱的情况相比，小古城遗址是该文化类型遗址中堆积最为丰富的少数遗址之一。另外，小古城遗址中以往认为是属于马桥文化晚期与"后马桥文化"的遗存最为丰富，¹⁴C 测年数据也集中在公元前 3400 ～前 3000 年之间，这一情况在东苕溪流域较为普遍，仅一些被认为是来自中原地区或江淮地区的文化因素相对于太湖沿岸的遗址有所削弱，但值得注意的是，这两类以往认为年代存在早晚关系的遗存却表现出了明显共存的情况，可见，在环太湖地区至钱塘江一线的广阔区域内，相当于中原地区中晚商时期的考古学文化有着再认识的必要。

通过对城址内外两次大规模的详细勘探，基本明确了城址内外的文化层堆积状态，以及山体台地、水系布局等基础信息，以此基础开展的景观与环境考古学研究，初步了解了 1 万年以来周边环境的变迁，尤其是明确了遗址北部的河道形成于晚更新世，遗址中部的两条南北向河道形成于公元前 7000 年前后，早于遗址主体年代，加上三座"品"字形布局的自然低丘，奠定了聚落形成的环境基础。

小古城遗址城址平面近子弹头形，东西宽、南北窄，西城墙最短，城外一周有护城河，其中南侧护城河为北苕溪故道，北墙外发现有早晚两期护城河，早期护城河的年代可早至商时期。2016年以来，通过对南北两段城墙的发掘解剖，已确认城墙的始建年代与主要使用年代皆为马桥文化与"后马桥文化"时期，后世沿用也经过多次修补。商时期城墙的建筑工艺充分体现了因地制宜的特征，建于不同环境基础上的城墙，建筑方式差异明显，邻近北苕溪故道的南城墙建于地势较高的山丘基岩之上，采用含沙量较大的黏土夯筑而成；建于沼泽环境的北城墙中段采用含较多淤土的混合黏土堆筑而成，夯筑迹象不明显；而依托自然山体的北城墙西段则采用纯净的黄黏土直接覆盖在山坡之上，堆筑出外延的墙体。2021年，在北城墙东段又发现了水门遗迹，沟通内河与城外护城河，水门遗迹底部的过水通道保存完好，宽约1.8米，两侧木构护坡与中央控水闸板清晰可见，是目前已知商代城址中水门遗迹保存最好的案例。通过木构测年数据可知，现存水门的使用年代为公元前3249～前3060年。

城内西部由内河隔开的独立区域，通过勘探了解，普遍存在大范围的人工黄土台地，堆积状态明显与东侧其他区域的遗址形态不同，特别是西北角的庙山，本为自然山体，山丘上也广泛存在人工堆筑的黄土台面，并延伸至对应的北城墙区域。山顶最高处更是建有高逾12米、顶面面积达1000平方米的大型人工高台，且高台顶面与城内地面的相对高差可达20米以上，是城内绝对的制高点，也是观测周边地区的最佳地点。根据高台表层采集遗物以及打破高台的灰坑年代判断，

高台建筑年代不晚于商代晚期。高台顶部发现了"凸"字形的地面建筑基础，面积约120平方米，正南北向，建筑北侧有对称分布的小型建筑，整组建筑群中轴对称、方向明确、形制特殊，与居住使用的房址差异显著，推测是具有特定功能的礼制性建筑。庙山商时期高台建筑的发现在南方先秦时期高等级建筑史上尚属首例。

地处城内中心的湖西发掘区，原始地貌相对低矮，自马家浜文化时期开始出现人类活动，经过不断积累，逐渐形成厚达4米的文化层。扰土层下即发现了大面积的商时期建筑遗存，包括疑似排屋、回廊、干栏式建筑、活动面、火塘等多种形式，且整体规划有序、中轴对称，构成了一处相对独立的建筑区，区域内发现了大量红烧土、木骨泥墙墙体、陶器、石器等遗迹、遗物，尤为重要的是发现了一块商时期的石范，与小古城遗址南侧约14公里、同文化属性的跳头铸铜遗址相呼应，进而怀疑此处建筑群的性质可能同样与铸铜活动有关，进一步丰富了城址内部功能分区的聚落格局。

以大遗址考古理念统一规划、以聚落考古理论为指导，小古城遗址的考古工作目标明确、具备良好的研究拓展性，是浙江地区商周考古研究史中最为系统的考古工作。小古城遗址作为一处保存良好、堆积丰富、等级分明的区域性中心遗址，以此开展的"东苕溪流域商时期文化与社会"课题，将为浙江先秦史、越文化发展史以及南方地区商周时期文明化进程研究打开全新的格局。

（供稿：罗汝鹏　张艺璇）

陶豆
Pottery *Dou*-
stemmed Bowl

陶带把三足盘
Pottery Three-legged Plate
with Handle

印纹硬陶带流圈底罐
Stamped Hard Pottery
Jar with Round Bottom
and Sprout

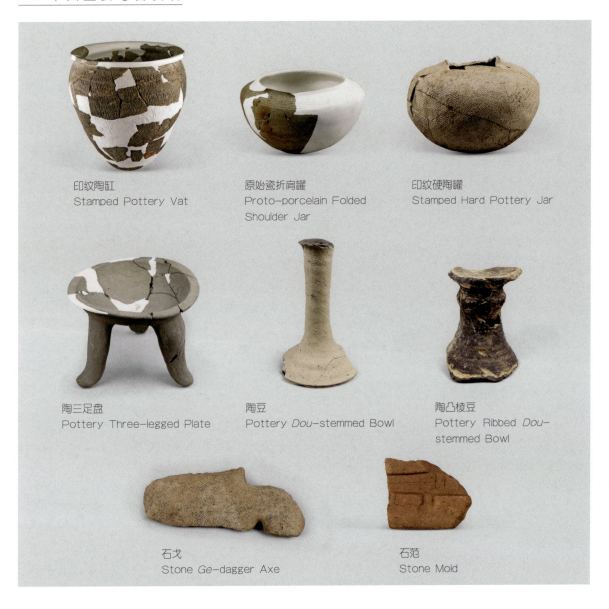

印纹陶缸
Stamped Pottery Vat

原始瓷折肩罐
Proto-porcelain Folded
Shoulder Jar

印纹硬陶罐
Stamped Hard Pottery Jar

陶三足盘
Pottery Three-legged Plate

陶豆
Pottery *Dou*-stemmed Bowl

陶凸棱豆
Pottery Ribbed *Dou*-
stemmed Bowl

石戈
Stone *Ge*-dagger Axe

石范
Stone Mold

The Xiaogucheng Site is located southeast of Xiaogucheng Village in Jingshan Town, Yuhang District, Hangzhou City, Zhejiang Province; in the northwest corner of the Hangzhou C-shaped basin, guarding major thoroughfares. It contains a 250,000 sq m city site and a small-sized site extending to the southeast outside the city; the remains mainly belonged to the Maqiao Culture and "post-Maqiao Culture" of the Shang Period. The information of underground burial and geographical environment of the site and surrounding adjacent areas have been fully confirmed. The excavation indicates that the initial construction and primary utilization time of city walls were in the Shang Period, and well-preserved water gate remains of the late Shang Dynasty were discovered. The settlement structure in the city presented visible features of hierarchical differentiation and functional division: the west part was an area with high-grade buildings; the central part found a concentrated group of buildings formed into a relatively independent settlement unit, within which found a stone mold of the Shang Period. The exploration and excavation of the Xiaogucheng Site provide critical materials for studying the civilizing process during the Shang and Zhou Periods in the southern region.

四川广汉三星堆遗址
祭祀区发掘收获

EXCAVATION RESULTS OF THE SACRIFICIAL AREA AT
SANXINGDUI SITE IN GUANGHAN, SICHUAN

1986 年 7 ~ 9 月，四川省文物考古研究所对基本建设过程中偶然发现的三星堆一号"祭祀坑"（编号 K1）、二号"祭祀坑"（编号 K2）进行了抢救性发掘，由此初步确认了三星堆遗址的祭祀区。为实施"古蜀文明保护传承工程"，

四川省文物考古研究院于 2019 年 10 月至 2020 年 3 月再次对三星堆祭祀区开展考古勘探，在此过程中新发现三号"祭祀坑"（编号 K3）和四号"祭祀坑"（编号 K4）。

2020 年 3 月，经国家文物局批准，四川省文

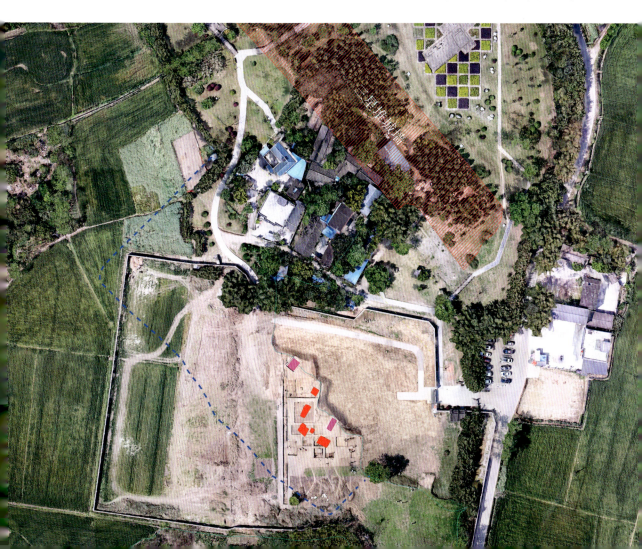

物考古研究院联合中国社会科学院考古研究所、北京大学考古文博学院等国内39家单位开始对祭祀区进行全面考古发掘。发掘地点位于三星堆祭祀区所在的三星堆遗址南部马牧河南岸的三星堆地点，北靠三星堆城墙，东侧和南侧紧邻20世纪80年代取土断坎，属于遗址总体区划的ⅢA1区和ⅢB1区，共布探方56个，实际发掘面积1202平方米，在此期间又新发现4座"祭祀坑"（编号K5～K8）。

祭祀区的堆积状况较为简单：第①～③层均为宋代及以后堆积；第④层属于西周早期堆积，但仅分布于发掘区西南部数个探方之内；第⑤、⑥层均为商代晚期堆积，前者主要分布于发掘区偏外围区域，中部原始地形较高区域则基本没有分布，且越靠近中部越薄，后者主要分布于发掘区中部和南部。除第⑤层外，其余商周时期堆积均属普通生活遗存，包含较多陶片、烧土颗粒和炭屑。

第⑤层为黄褐色粉砂土，土质较为致密，包含物很少，只有零星陶片，其性质与其余商周时期堆积明显不同，在此层中出土有与K1、K2所见相似的玉凿，应与祭祀活动有关。结合堆积分布情况判断，第⑤层或是为挖埋8座"祭祀坑"而形成的垫土层，其分布范围可能就是祭祀区的分布范围。由此，初步明确祭祀区平面近长方形，面积近1.3万平方米，呈西北—东南走向，与三星堆城墙大致平行。在祭祀区内不见与"祭祀坑"同时期的其他居址遗存，只有8座"祭祀坑"、小型圆形祭祀坑、矩形沟槽及出土有与"祭祀坑"所埋同类器物的灰沟和大型建筑。

小型圆形祭祀坑共确认3座，位于K1南侧和K4西侧，均开口于第③层下，打破第⑤层。

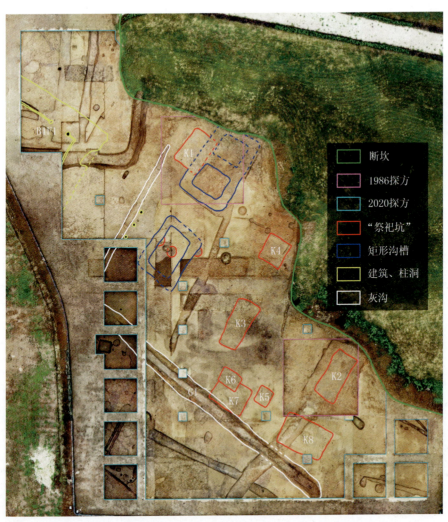

发掘区平面图（上为北）
Plane Diagram of the Excavation Area (Top is North)

K3
Pit K3

K4
Pit K4

K5
Pit K5

平面呈较规整的圆形，浅斜弧壁，平底，内填疏松黑色灰烬，出土铜戚形璧、铜有领璧等，年代与第⑤层相同，属于三星堆遗址第七期，大致相当于殷墟四期。

矩形沟槽共 2 处，均开口于第③层下，其中 1 处打破 K1，平面呈"日"字形，另 1 处打破小型圆形祭祀坑，平面呈"口"字形，内填褐色、

黄色、灰白色混杂黏土，较致密而纯净，基本不见包含物。

在 8 座"祭祀坑"、小型圆形祭祀坑及矩形沟槽的西南部分布有一条西北—东南走向的灰沟（编号 G1），开口于第③层下，打破第⑤层。平面呈长条形，斜直壁，平底，内填黑褐色粉砂土，夹杂少量烧土颗粒和炭屑，土质较为疏松，出土

K8 局部
Part of Pit K8

K3 铜顶尊跪坐人像出土情况
Bronze Kneeling Figure with a
Zun-vessel on the Head in Pit
K3 in Situ

K8
Pit K8

器物包括金箔片、绿松石珠、玉璋和石矛等。

大型建筑（编号 B1F1）位于发掘区西北部，开口于第③层下，打破第⑤层，有长方形基槽，槽内以土夯填，夯土表面有窄沟槽和间隔分布的大型柱洞。建筑平面似呈长方形，西北—东南走向，基槽夯土内出土石璧、石琮、金箔片、绿松石珠和铜有领璧等。

8 座"祭祀坑"中除 K1、K2 疑似开口于第⑤层下外，其余均直接开口于第③层下，K3 打破第⑥层，K4 打破第⑥层下的疑似生黏土，K5～K8 打破第⑤层，其中 K6 打破 K7。平面形状可分为宽长方形、窄长方形和近方形三类，K8 面积最大，近 20 平方米，K5、K6 分别仅 3.5 平方米和 4.1 平方米，面积甚小。面积越大深度亦越深，K3 和 K8 最深，均深逾 2 米，K5 最浅，深仅约 0.5 米。所有"祭祀坑"的方向均非正南北向，大致呈东北—西南向（K1～K5）或西北—东南向（K6～K8）。根据 8 座坑的分布位置、平面形制及走向，可将其分为 4 组，即 K1 和 K4 一组，K2 和 K3 一组，K5 和 K6 一组，K7 和 K8 一组。

各坑的埋藏堆积，除 K5、K6 相对简单，在填土堆积之下只有一层埋藏器物外，其余坑内堆积相对较为复杂，但均为最底层埋藏各类器物，其上埋藏象牙。K3 在填土之下、象牙之上的东北角倾倒一堆灰烬。K4 在象牙之上由东南角倾倒一层平均厚达 0.3 米的灰烬，在灰烬和填土之间的东、西局部区域还填充有夹杂红烧土颗粒的黄褐色粉砂土。K8 堆积最为复杂，先是埋藏众多大小不一、质地各异的器物，其上埋藏大量象牙，之后于南、北两侧填充夹杂红烧土块的黄褐

色粉砂土，其上整坑铺满灰烬，再之上填充夹杂大块红烧土和"石磬"碎块的黄褐色粉砂土，最后填土掩埋。以上几座大坑不同埋藏堆积层之间并无明确界线，部分象牙实际上也混杂在各类器物之中，如 K3、K8，而 K3 还有数件铜器显然是象牙埋入坑后才入坑的。K3、K4 和 K8 的灰烬也并不单纯，包含烧土颗粒以及较多细小器物或大型器物的残片、构件。

截至 2021 年底，6 座新发现的"祭祀坑"已出土器物标本 11000 余件，而近完整器超过 2000 件，其中铜器 980 余件、金器 520 件、玉器 490 余件、石器 120 余件、陶器 13 件，另提取象牙 600 余段，重要器物包括金面具、鸟形金箔饰、铜顶尊跪坐人像、铜扭头跪坐人像、铜立人像、铜人头像、铜面具、铜尊、铜罍、铜"神坛"、铜龙、铜网格状龟背形器、玉璋、玉戈、玉凿、神树纹玉琮、玉器座、玉刀、石戈、陶矮领瓮、陶尖底盏、丝织品残痕、象牙雕和海贝等。

结合 K3 填土和灰烬内出土陶器、K4 埋藏陶器和测年结果，以及几个大坑各方面特征均较为相似的现象综合考虑，K1～K4、K7、K8 等 6 座大坑的年代可能同时，距今 3200～3000 年，大体相当于晚商殷墟四期；K5、K6 年代稍晚，似属西周早期。

本次勘探与发掘，在很大程度上弥补了 1986 年抢救性发掘 K1 和 K2 留下的遗憾，不仅较为准确地掌握了祭祀区的形成过程和内部空间格局，亦基本解决了以往学界所关注的"祭祀坑"年代和性质问题。根据 K8 内发现有明显来自建筑的红烧土块，K1、K3、K4 和 K8 填埋有大量

K5 象牙雕出土情况
Carved Ivory in Pit K5 in Situ

K8 丝织品残件出土情况
Silk Fragment in Pit K8 in Situ

以竹为主要成分的灰烬，并结合坑内器物的焚烧、破损程度和部位的随意性，综合判断，6 座年代同时的大坑的性质更偏向于祭祀器物掩埋坑而非狭义的祭祀坑。至于 K5 和 K6，无论是坑本身的形制、填埋堆积还是埋藏器物的种类构成及埋藏行为均与其余 6 座大坑明显不同，故其性质也应不同。这两座坑连同 3 座小型圆形祭祀坑，与成都金沙遗址梅苑地点的祭祀坑较为相似，故应是事实上的祭祀坑。

8 座坑的年代晚至殷墟四期甚至西周早期，表明三星堆遗址作为古蜀国都城的年代也相应推移，迟至殷墟四期某一时间才正式废弃。而都城的废弃并不意味着此地荒无人烟，相反还有少量等级较高的人群留居三星堆并在原来的祭祀区域继续举行祭祀活动。

（供稿：冉宏林　雷雨　谢振斌　王冲）

K3 出土铜尊
Bronze *Zun*-vessel Unearthed
from Pit K3

K3 出土铜爬龙器盖
Bronze Cover with a Crouching Dragon Atop
Unearthed from Pit K3

K3 出土玉器座
Jade Stand Unearthed from Pit K3

K6 出土玉刀
Jade Knife Unearthed from Pit K6

K3 出土玉璋
Jade *Zhang*-ceremonial
Blade Unearthed from
Pit K3

K3 出土神树纹玉琮
Jade *Cong*-tube with Divine
Tree Pattern Unearthed
from Pit K3

K3 出土金面具
Gold Mask Unearthed from Pit K3

K5 出土金面具
Gold Mask Unearthed from Pit K5

K5 出土鸟形金箔饰
Bird-shaped Gold Foil
Ornament Unearthed from
Pit K5

K4 出土铜扭头跪坐人像
Bronze Kneeling Figure with
Twisted Head Unearthed
from Pit K4

K8 出土铜戴尖帽立人像
Bronze Standing Figure Wearing
a Pointed Hat Unearthed from
Pit K8

From October 2019, the Sichuan Provincial Institute of Cultural Relics and Archaeology, partnered with the Institute of Archaeology of the Chinese Academy of Social Sciences, the School of Archaeology and Museology of Peking University, and other institutions, conducted a comprehensive exploration and excavation of the sacrificial area at the Sanxingdui Site and discovered six new "sacrificial pits" numbered K3-K8. More than 11,000 artifact specimens have been unearthed to date, among which over 2,000 are nearly intact, including over 980 bronzes, 520 gold wares, over 490 jades, over 120 stone tools, 13 potteries, and over 600 ivory pieces. The excavation indicates that the smaller K5 and K6 dating to the early Western Zhou Period were practical sacrificial pits; the other six larger ones (including K1 and K2 excavated in 1986) were burial pits for sacrificial utensils that belonged to the seventh phase of the Sanxingdui Site, equivalent to the fourth phase of Ruins of Yin – appropriate 3200 BP to 3000 BP. The excavation virtually determined the age and nature of the "sacrificial pit" and confirmed the formation process and internal spatial pattern of the Sanxingdui sacrificial area.

云南晋宁
古城村遗址

GUCHENGCUN SITE IN JINNING, YUNNAN

古城村遗址位于云南省昆明市晋宁区晋城镇北约5公里的古城村，地处云南滇中滇池盆地东南部冲积平原的北端，西南距石寨山古墓群和河泊所遗址直线距离仅8公里，是云南目前已知保存最完整的高原湖滨型贝丘遗址。遗址发现于1958年，2008年进行了复查。2019年，云南省文物考古研究所对遗址进行了重点勘探，查明遗址面积4.2万平方米，现存堆积厚约6米。2020年10月至2021年10月，云南省文物考古研究所联合晋宁区文物管理所、晋宁区博物馆等单位对遗址进行了抢救性发掘。

古城村遗址贝丘堆积中的贝类以螺蛳为主，大量尾部被敲破的螺蛳壳与灰土层层交替堆叠形成了居住面、活动面、路面等贝丘遗址独特的遗迹现象。本次发掘清理文化层最厚达7.5米，划分出24个地层，遗迹和出土器物丰富。测年数据显示古城村遗址的主体年代距今3600～2500年。根据出土器物特征，可将遗址的文化堆积由早至晚分为商代、两周、明清三个阶段，其中商代和两周时期的遗存是遗址的主体堆积。

商代遗存可分为早、晚两段。早段发现保存完整的椭圆形环壕聚落，由面积约2.7万平方米的黄土台地及其外围的壕沟和护坡共同组成。壕沟和护坡同时形成于聚落始建之时即商代早段，并一直沿用至商代晚段，两周时期商代壕沟废弃，原来的护坡被加宽加高继续使用。台地是聚落活动的中心，中部地势最高且平坦，四周地势逐渐

低缓，呈坡状与湖滨沼泽相连。壕沟紧邻台地外围，周长约500米，与护坡并行环绕，呈东西长、南北短的椭圆形。南部壕沟壁直底平，形制较规整，沟口宽4～4.5、沟底宽2.4～3、深0.22～0.89米，北部壕沟变窄变浅，沟口宽0.5、沟底宽0.3、深约0.45米。西北部和东部未发现壕沟，可能是聚落的出入口。

护坡周长近600米，位于壕沟外侧，南部中段较宽，东端和北部中段略窄，剖面呈梯形。在遗址东部，护坡与台地基本连成一体，没有明显分界。护坡的修筑充分利用了遗址周围易得的湖沼淤泥，并对螺壳进行了二次加工利用，将其敲成碎片或均匀的粉末混合在淤泥中以增加堆积的强度，未发现夯窝。遗址东南部的护坡顶部略窄，中部护坡较宽，南部东段顶宽0.76、底宽4.4、高0.96米，中段顶宽4.4、底宽9.6、高0.64米。壕沟的功能推测与排水、防水有关，护坡则兼具防水和防御性质，反映了古人适应环境的生存策略。

商代晚段遗存主要是土坑墓和瓮棺葬。土坑墓清理61座，分布在遗址南部壕沟内侧的台地上，均为小型长方形竖穴土坑，墓口长0.67～3.2、宽0.3～1.25米，残深0.05～0.86米，其中2座发现二层台、4座发现木质葬具残痕。根据墓向不同，可分为西、中、东三个区。西区和中区多为一次葬，有少量二次葬，葬式以仰身直肢为主，墓葬之间没有打破关系，西区发现屈肢葬1座，

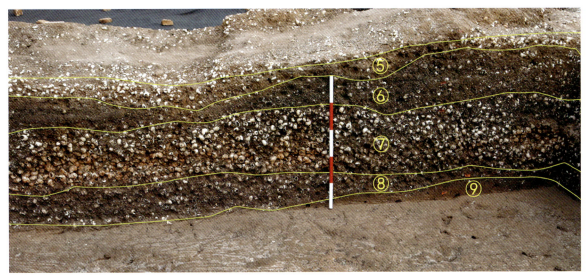

探方 ATN77E70 北壁地层堆积（局部）
Stratigraphic Accumulation on the North Wall of the Excavation Unit ATN77E70 (Part)

遗址东南部壕沟（南—北）
Moat in the Southeast of the Site (S–N)

葬式及随葬器物风格与新石器时代的海东类型关系密切。东区以二次葬为主。出土陶器、青铜器、穿孔蚌器、骨器、玛瑙串珠和石器。陶器器形有釜、罐、钵、杯和纺轮，青铜器有镯和削刀，骨器有镞和针，器类相对单一。

瓮棺葬发现 27 座，集中分布在遗址西南部台地边缘。形制皆为圆形或椭圆形竖穴土坑，相互之间没有叠压打破关系。瓮棺葬具保存尚好，均为夹细砂陶，陶土经过细致淘洗、挑选和加工，陶色以黄褐、红、灰黑为主。器形较规整，部分

葬具器表经磨光处理。器形以侈口圆腹圜底釜和盘口深腹小平底罐数量最多，部分釜的口沿和盖有流。3 座瓮棺发现有盖，器表也经过磨光处理。这批葬具纹饰较少，施纹部位主要在唇部和口沿外壁，如盘口罐的唇部饰按压短线，沿部外壁饰乳丁及刻划细线纹等。瓮棺中皆埋葬有不满周岁的婴儿，有 2 座瓮棺各埋葬 2 个个体，其余皆埋葬 1 个个体。头向除 1 座朝南外，余皆朝北。葬式多为侧身屈肢，个别为俯身屈肢。人骨整体保存较好，未发现随葬器物。

护坡与壕沟剖面堆积（东—西）
Accumulation on the Section of Slope Protection and Moat (E-W)

两周时期的堆积亦可分为早、晚两段，早段遗迹为房址及一道护坡，晚段发现大量以螺壳碎片混杂灰土形成的活动面、硬面、灰坑、螺壳坑、灰烬等居住类遗迹。

房址发现 21 座，集中分布在台地的中部，平面以圆角长方形为主，另有部分近圆形或椭圆形，个别呈不规则形，面积 6.6 ～ 22 平方米，形制主要有半地穴式、基槽式和地面式三种。半地穴式房址发现 14 座，近半数房址面积在 9 ～ 15 平方米，深 0.5 ～ 1.5 米。房内堆积可分为废弃堆积和使用堆积两部分，上部废弃堆积多为松散完整的螺壳，下部使用堆积可分出数层，每层表面为厚 0.01 ～ 0.02 米的由灰土与碎螺壳混合形成的居住面，致密坚硬，其下用完整螺壳作为垫土层。绝大部分居住面表面在不同位置发现有形状不规则、堆积很薄的灰烬，另外还有散落的骨器、陶器口沿、石器等遗物。基槽式房址仅发现 1 座（编号 F3），东西长 5、南北宽 3.7 米，面积 18.5 平方米。房址四周有长 3.6 ～ 5.6、宽 0.16 ～ 0.41、深 0.03 ～ 0.15 米的基槽，基槽内发现柱洞 28 个、口径 0.09 ～ 0.3、深 0.06 ～ 0.76 米。房内堆积分 3 层，发现 5 处灰烬，以灰白色烧灰为主，局部发现小面积烧结硬面，厚 0.03 ～ 0.13 米。在灰烬、居住面、柱洞及基槽堆积中浮选出玉玦残片、料珠、水晶、铜镞、铜渣等遗物。

两周时期的护坡叠压在商代护坡之上，残长 222、宽 5.4 ～ 13、高 0.38 ～ 0.75 米，是商代护坡和壕沟废弃后在原来护坡基础上加宽加高修筑而成，护坡堆积由淤泥、黏土、螺壳、砂岩块、小砾石等混合形成，修筑工艺较早期略显粗糙。

活动面是此阶段发现数量最多的遗迹，堆积较薄，厚 0.02 ～ 0.1 米，平面多呈不规则形。大部分活动面可分为上、下两层，上层表面致密紧实，多由灰土和螺壳碎片混杂踩踏形成，下层为完整松散的螺壳层，应是垫土层。包含的遗物除陶片、小砾石、烧骨、石器、玉器残片等外，通过浮选还发现了炭化种子、鱼骨、极小的骨珠和孔雀石珠。早段活动面表面多分布有排列规则的柱洞，应与地面式建筑有关。

灰烬的数量仅次于活动面，多发现于房址居住面或活动面的表面，平面多呈不规则形，堆积较薄，多厚 0.02 ～ 0.08 米，呈高于活动面向上凸起的堆状。大部分灰烬为灰白色细腻均匀的烧灰，包含大量炭屑，也有部分灰烬发现长时间用火形成的坚硬的烧结层。

螺壳堆是由粉色砂岩粉末和完整螺壳混合形成的堆状遗迹，平面近圆形或椭圆形，少数呈不规则形。每个螺壳堆的中心都有一个规整的圆形柱洞，可能是类似伞形的亭棚式建筑或研磨加工遗迹，部分螺壳堆旁边还分布有大块的砂岩块。

这一阶段的出土器物以陶片为主，另有青铜器、玉器、石器、骨器、漆器、木器等。陶器以夹砂陶为主，陶色以橙红、灰、灰黑、灰褐为主，器形主要有罐、釜、钵、盘、瓶、器座等。青铜器以斧、削刀、锥等小型工具为主，还有少量剑、镞、扣、鱼钩、爪镰等。玉器仅见玦和镯两种，

两周时期基槽式房址 F3
House Foundation F3 with Foundation Trench, Zhou Dynasties

镯以有领镯为主。石器以束腰形锤和多面研磨器最具特点，研磨器大多为手掌大小，两面或四面有研磨凹槽。骨器主要是锥、针、镞三种。木器器形相对丰富，有勺、碗、盘、插销、木构件等。此外，还发现有海贝、孔雀石珠、琥珀珠、料珠、铜渣等。

　　古城村遗址的发现与发掘，深化了以往对贝丘遗址堆积形态及形成过程的认识，为全面探讨石寨山文化出现之前云南滇中地区的聚落形态演变、社会组织结构、生业模式、丧葬习俗、古滇池环境变迁、人地关系、族群构成等问题提供了重要资料。同时，首次在石寨山文化分布的核心区发现了保存完整的商周时期的环壕聚落，是近年来石寨山大遗址聚落考古的新发现，为开展云南商周时期贝丘遗址聚落形态的对比研究增添了新材料。环壕聚落结构展现了滇池地区古代先民适应水环境的生存策略，也反映出滇池古气候变化及湖岸线涨落对早期聚落形态特点形成的塑造及影响，对滇池古环境与古气候的复原研究具有

商代土坑墓 M35
Earthen Pit Tomb M35 of the Shang Dynasty

两周时期半地穴式房址 F9
Semi-subterranean House Foundation F9 of the
Zhou Dynasties

遗址南部两周时期护坡（西—东）
Slope Protection of the Zhou Dynasties in the
South of the Site (W-E)

商代土坑墓 M62
Earthen Pit Tomb M62 of the Shang Dynasty

两周时期 2 号螺壳堆
Gastropod Shell Mound No.2 of the Zhou Dynasties

商代瓮棺 W5 内埋葬的未成年个体
Underage Individual Buried in the Urn Burial W5 of
the Shang Dynasty

重要价值。古城村遗址发现的商代遗存从文化面貌上看，与周边的晋宁上西河、海口大营庄、通海兴义等遗址的同期遗存同属一个新的考古学文化，是探索石寨山文化起源、追寻古滇文化形成和发展的关键性材料，也为最终建立云南滇中地区距今 4000 ～ 2500 年前后的考古学年代框架和文化谱系奠定了基础。

（供稿：周然朝）

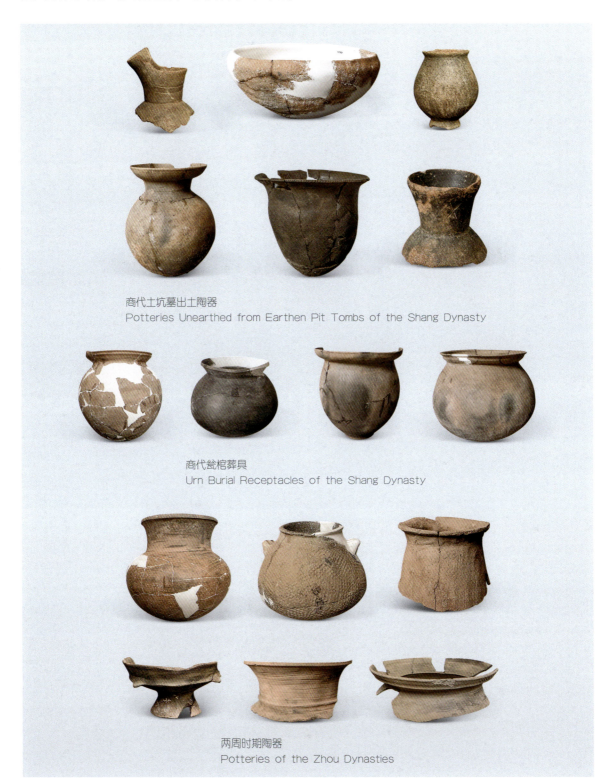

商代土坑墓出土陶器
Potteries Unearthed from Earthen Pit Tombs of the Shang Dynasty

商代瓮棺葬具
Urn Burial Receptacles of the Shang Dynasty

两周时期陶器
Potteries of the Zhou Dynasties

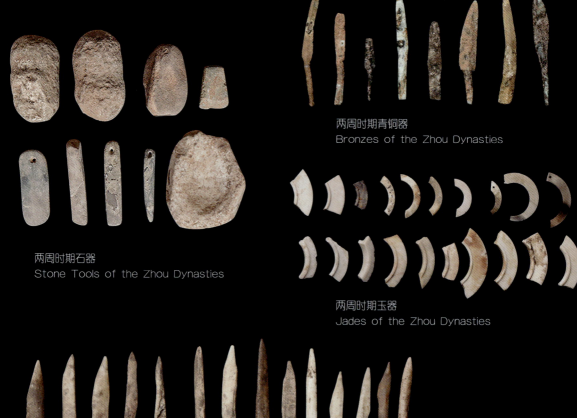

两周时期青铜器
Bronzes of the Zhou Dynasties

两周时期石器
Stone Tools of the Zhou Dynasties

两周时期玉器
Jades of the Zhou Dynasties

两周时期骨器
Bone Tools of the
Zhou Dynasties

The Guchengcun Site is located in Gucheng Village, about 5 km north of Jincheng Town in Jinning District, Kunming City, Yunnan Province. It is the best-preserved plateau-lakeside shell mound site at the northern end of the alluvial plain on the southeastern coast of the Lake Dianchi basin in Yunnan. From October 2020 to October 2021, the Yunnan Provincial Institute of Cultural Relics and Archaeology and others conducted a rescue excavation at the site, the Shang and Zhou Periods remains made the most significant findings. A well-preserved moat-surrounded settlement composed of the oval moat and slope protection of the Shang Dynasty was firstly discovered in the core distribution area of the Shizhaishan Culture; contemporaneous remains included some earthen pit tombs and urn burials. The Western and Eastern Zhou remains mainly included house foundations, occupation floors, and fire-using traces. The excavation entirely demonstrates the dynamic evolution process of the moat-surrounded settlement in the Lake Dianchi basin from 3600 BP to 2500 BP and provides critical materials for investigating the origin of the Shizhaishan Culture.

陕西宝鸡周原遗址
2020 ～ 2021 年发掘收获

EXCAVATION RESULTS OF THE ZHOUYUAN SITE IN BAOJI, SHAANXI IN 2020-2021

周原遗址位于今陕西扶风、岐山一带。2020～2021年，周原考古队继续对该遗址开展工作，通过调查、铲刮断面、钻探、试掘、大面积揭露等手段，确认了周原西周城址，发掘城门1座、先周和战国时期大型夯土建筑各1处。

西周城址分为内城和外城。内城位于周原遗址的西北部，东西长约1480、南北宽约1065米，整体呈规整的长方形，方向352°，面积约175万平方米。城址北、东、南三面有人工城壕，西面以王家沟为壕。

东城墙 起自齐家村北，至云塘水池转向东北，于强家村西与北墙交汇。城墙只存基槽，宽约8米，

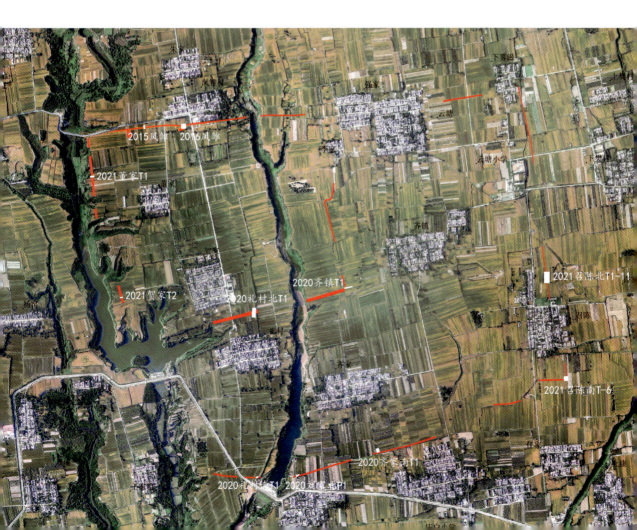

内城南墙（礼村北 T1）
South Wall of the
Inner City (Licun North
Excavation Unit T1)

内城西墙（董家 T1）
West Wall of the
Inner City (Dongjia
Excavation Unit T1)

部分被后期道路叠压。开设解剖沟 1 条，可见基槽残深 0.8 米，保存夯土 13 层，层厚 0.06～0.12 米。夯土被西周中期的灰坑打破。东墙以东 14.9 米为城壕，口宽 21.2、底宽 7.2、最深 3.75 米，有 5 次清淤行为。

南城墙 自王家沟转角至齐家村北，保存基槽宽 25 米。平面揭露一段长 10 米的城墙，并辅以断坎剖面了解结构，可见基槽由 6 块平行的夯土组成，每块宽 4.2～5.7、厚 0.6～0.8 米。夯土下压商周之际的灰坑，又被西周晚期灰坑打破。

西城墙 自凤雏村西至贺家村西，距王家沟 30～50 米。开设解剖沟 2 条，可见墙基宽 12.5～13 米，由 3 块平行的夯土组成。西墙的

奠基墓葬经测年属商末周初，墙基被多座西周晚期灰坑打破。

内城墙的验证工作共开设探沟 4 条、铲刮断坎 5 处，显示城墙始建于商周之际。

外城位于内城东南，基本包括了周原遗址的核心部分。北起强家—云塘（即内城北墙延长线），东至下雾滋—召陈，南达庄白—刘家北，西抵王家沟，东西长约 2700、南北宽约 1800 米，形状规整，方向 352°，面积约 520 万平方米。除西南城墙因取土破坏无存外，其他部分大都保存有断续的夯土基槽。

东墙与门 东墙自下雾滋村东至召陈村南，长 1770、宽 5 米。在召陈建筑基址的东北有一段长 90、宽约 10 米的基槽。全面揭露后发现门道，

外城东门门塾和倒塌堆积
Menshu (Rest and Repose Rooms on the Two Sides of the Main Gate) and the Collapsed Accumulation at the East Gate of the Outer City

外城东墙和门（召陈）
East Wall and Gate of the Outer City (Shaochen)

外城东南角（召陈）
The Southeast Corner of the Outer City (Shaochen)

长 17、宽 5.3 米，南北两壁有单独夯筑的薄墙。门道曾遭火焚，被倒塌的红烧土覆盖，地面上出土西周晚期铜器腹部残片。门道北侧有嵌入城墙的门塾，面阔 7.5、进深 8.9 米。城内一侧连接曲尺形夯土台，限定了入城后要向南转向，类似瓮城结构。门道南侧的城墙内外各发现马坑 1 座，可能是与城门有关的祭祀遗存。

东南城角　位于召陈村东南，平面揭露完整，可见纵横的夯土板块，南墙宽 7.5、东墙宽 7.2 米。解剖显示，夯土厚 0.65 米，夯层清晰，层厚约 0.08 米，下压西周晚期灰沟。夯土内出土西周晚期陶鬲。

南墙　自召陈村东南至礼村西南，长 2450、宽约 10 米。平面揭露 2 处，铲刮断面 3 处，可知

基槽内有 4 块平行夯土，基槽底部不平，最深可达 2 米，遇生土则不深挖基槽。夯土内包含西周晚期陶片，又被西周晚期灰坑打破。

先周时期大型建筑基址（一号建筑基址，F1）位于王家嘴中北部，南北长约 58、东西宽 38 米，总面积逾 2200 平方米。已揭露南部的 28 米，由正堂、东西厢房、前后庭院、附属建筑等组成。正堂宽 19、进深 12.5 米，是一座面阔 6 间、进深 3 间且前面有廊的房屋。推测 F1 整体结构为前堂后室，类似凤雏甲组建筑。台基部分已被战国文化层和明清堆积平毁，但保存有上百个夯土础坑，可见规整的柱网布局。四周庭院多处保存路土。建筑地基保存厚至 1 米，其下叠压商代京当型晚期、仰韶、龙山时代的灰坑。地基用土

107

外城南墙（礼村南断坎）
South Wall of the Outer City (Broken Ridge at Licun South)

外城南墙（齐家南 T1）
South Wall of the Outer City (Qijia South Excavation Unit T1)

一号建筑基址
Building Foundation No.1

取自原地，混匀筛选后夯打，所以土质驳杂。

F1 夯土被先周晚期小型墓葬和灰坑打破，前后庭院内埋有 6 座先周晚期小墓，故年代上限为京当型晚期，下限为先周晚期。

战国晚期大型建筑（二号建筑基址，F2）位于 F1 以西 25 米，东西长 41、南北宽 30 米，面积 1200 平方米。基址四角没有夯土，发现有踩踏面。基址内由 10 道贯通的墙基槽分隔成 9 条，每条内不规则分布着大量柱础坑，础坑直径 0.4 ～ 1 米。夯土亦为就地取用早期文化层，杂质多而小，夯打得更加坚硬。

F2 被 20 余座战国晚期瓮棺葬打破，解剖时发现夯土内包含战国晚期陶片，因此年代为战国晚期。建筑废弃地层中出土带"公"字铭文的陶量，结合建筑特殊的形制、密集的木柱，推测 F2 性质可能为干栏式大型粮仓。

本次对周原遗址的考古工作有重要的学术意义。首先，周原西周城址规模宏大，布局严谨，为进一步探讨周原遗址的性质提供了重要证据。周原以往被认为是"周人的宗教中心""贵族的聚居地"。此次发现的城址为西周时期规模最大的城址，形状方正、规划明显，改变了以往"散居聚落"的认识，有可能改写传统的西周政治史。城址的发现给以往所知遗迹提供了参照背景，向廓清城市布局结构迈出了重要一步。如，召陈建筑群紧靠外城东墙，不会是王室宫殿建筑，可能是城市的功能性建筑；凤雏建筑群位于西周早期城址的北部正中，方向与城址完全一致，结合周围存在的大面积夯土，内城北部应是宫殿区；各级贵族的青铜器窖藏绝大多数发现于内城之外，暗示西周晚期时内城相当于王城，内城以东、以南则是郭城。

其次，王家嘴一号建筑是考古首次发现的年代明确的先周时期大型建筑，其规模和复杂程度均出人意料。钻探发现王家嘴区域还有大面积夯土，这为确证先周国家中心的位置提供了证据，为深入研究先周国家的形成打下了基础。王家嘴遗址区三面临沟，低而近水，东北距地形高亢开阔的西周城址 0.6 公里。从自然地形到规划方正的城市，反映了西周王朝的建立过程。

再次，王家嘴二号建筑形制特殊，可能是战国晚期大型的官方粮仓。当时的官仓设置于县乡以上。王家嘴周边多次出土"美亭"陶文，此次

二号建筑基址
Building Foundation No.2

外城东门道内铜器腹部残片出土
情况
Fragment of a Bronze
Body in the East Doorway
of the Outer City in Situ

"公"铭陶量
Pottery *Liang*-measure Inscribed with the
Character "Gong"

刘家墓地 M59 出土 "美阳" 陶文
Inscriptions "Mei Yang"
on the Pottery Unearthed
from Tomb M59 at the Liujia
Cemetery

在刘家墓地也发掘出了两例"美阳"陶文。近两年的工作表明，王家嘴至刘家一带的战国遗存相当丰富。过去认为美阳县在法门镇一带，新的发现为确认美阳县的位置提供了依据。《汉书·地理志》载："美阳，《禹贡》岐山在西北。中水乡，

周大王所邑。有高泉宫，秦宣太后起也。"二号建筑不仅是难得一见的战国基层官仓实例，丰富了周原遗址内涵，而且与文献记载相合，增强了认定遗址性质的信心。

（供稿：种建荣　曹大志　杨磊　宋江宁）

一号建筑基址础坑
Posthole of the Building Foundation No.1

一号建筑基址夯土基础
Rammed-Earth Base of the Building Foundation No.1

一号建筑基址础坑剖面
Section of the Posthole of the Building Foundation No.1

The Zhouyuan Site is located across Fufeng and Qishan in Shaanxi Province. From 2020 to 2021, the Zhouyuan Archaeological Team continued their work at the site. By means of the survey, scratching section by trowel, exploration drilling, trial excavation, and open-area excavation, archaeologists confirmed the Western Zhou city site at Zhouyuan, excavated one city gate and two large rammed-earth buildings respectively belonged to the pre-Zhou and Warring States Periods. The Western Zhou city site was regularly shaped. The inner city was initially built at the end of the Shang Dynasty and the begining of the Western Zhou Dynasty and sized about 1.75 million sq m; the outer city was first built in the late Western Zhou and sized about 5.2 million sq m. The two large rammed-earth buildings are situated in Wangjiazui (southwest of the Western Zhou city site), where the richest remains of the pre-Zhou period have been found. The building foundation No. 1 is about 58 m long from north to south and 38 m wide from east to west, no earlier than the late phase of the Jingdang type and no later than the late pre-Zhou Period. The building foundation No. 2 is 41 m long from east to west and 30 m wide from north to south, dating to the late Warring States, and probably functioned as a large stilt granary.

浙江衢州
孟姜土墩墓群

MENGJIANG MOUND TOMB COMPLEX IN QUZHOU, ZHEJIANG

孟姜土墩墓群位于浙江省衢州市衢江区云溪乡孟姜村，墓群东临铜山溪、西傍邵源溪、南依衢江、北靠高山，构成三面环水、一面靠山的相对独立的地理区域。20 世纪 80 年代，金华地区文管会及衢州市文管会为配合基本建设，对孟姜村范围内的多处土墩墓进行了抢救性发掘。2018 年，浙江省文物考古研究所在东北距孟姜村约 1 公里的棠陵邵村庙山尖发掘了一座西周时期的大型土墩墓，是近几年较为重要的考古发现之一。2019 ～ 2021 年，因孟姜土墩墓群被盗严重，经国家文物局批准，浙江省文物考古研究所对其南部的三座土墩墓进行了抢救性发掘。

一号墩位于西山村与黄甲山村交界地区，东南距衢江约 280 米，目前所见地形为一处凸起的岗地，墩体坐落于岗地的最高点，海拔约 87.6 米。

墓葬由封土、墓道、木椁、浅坑等组成，形制为熟土堆筑的"甲"字形浅坑木椁墓。

墓葬封土保存较差，整体向内倾斜，可能与木椁塌陷有关。东西方向现存约 30 米，南北约 19 米，封土厚 1 ～ 3.2 米。封土土层较为细碎，主要为褐色黏土与夹杂红色碎石沙土交替分布，最多处能细分为 23 层，各象限内土质土色略有差异，整体形态相似，推测封土应是由外向内分区堆筑而成。

墓坑长 12.7、宽 7.6、深约 0.3 米。墓道向西，远端被破坏。墓底四周铺设有鹅卵石边框，中间部分南北向铺设鹅卵石，中间距离不等，可能与枕木摆放位置有关。木椁已腐烂无存，根据墓室外铺的木炭层推测，木椁为"人"字形结构。

此墓虽多次被盗，但仍出土随葬器物约 100 件（组），主要为原始瓷器、玉石器，另有少量印纹

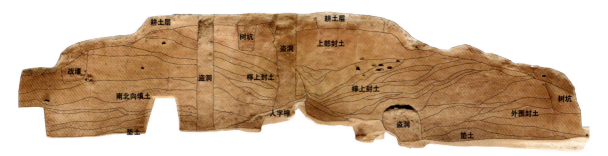

一号墩南北向隔梁东剖面
East Section of the Partition Wall in a North—South Direction of Mound No.1

一号墩墓底正射影像图
Orthophoto of the Bottom of Mound No.1

一号墩"人"字形木椁及浅坑
The "人"-shaped Wooden Coffin-chamber and
Shallow Pits of Mound No.1

三号墩南部结构
Structure of the South Part of Mound No.3

三号墩东部器物区
Artifacts in the East of Mound No.3 in Situ

三号墩（南一北）
Mound No. 3 (S-N)

三号墩
Mound No.3

硬陶器和泥质陶器。原始瓷器包括有豆、罐、尊等器形，分为厚胎薄釉和厚胎厚釉两种，另有部分原始瓷胎釉结合较差，脱落严重。玉石器以玉玦为主，此外有玉管、玉珠、权杖头、脸形饰件等。玉玦成组出现，每组玉玦均按大小摆放有序，材质多样，主要有软玉、玛瑙、水晶、绿松石等。

在墓坑东部区域一处长约 6、宽约 1.5 米的范围内发现白色物质，经检测为古代烧骨，其东南角发现有孔雀石、朱砂及一件光滑石球。

三号墩位于孟姜村南约 150 米处，西北距一号墩 160 米，东北距大墩顶土墩墓 250 米，南距衢江 120 米，位于衢江北岸岗地较中心位置，海拔 82.7 米，在墩顶向东眺望可观测铜山溪汇入衢江，地理位置奇佳。

封土基本不见，残留的土墩底部直径约 70、残高 6.5 米，是目前南方地区发现的同时期建筑规模最大的土墩墓。由墓坑、甬道、墓道、基础垫土等部分组成。

基础部分营造极为讲究，可归纳为"三重石框，三级垫土"结构，即首先在高低不平的山体表面垫土找平，以营建一个较为平整的基础面；在基础面上用大块鹅卵石围中心土墩堆筑一圈石围界；石围界上继续向中心垫土，营造出土台面；土台上四角铺设鹅卵石作为护坡，四角鹅卵石范

三号墩原始瓷器出土情况
Pro-porcelains Unearthed from Mound No.3 in Situ

一号墩出土玉玦
Jade *Jue*-slit Rings Unearthed from Mound No.1

围各有不同，但边界较为清晰，形成一个东西长约 33.5、南北宽约 30 米的矩形框架；南部鹅卵石上继续垫土与北部找平，后在中心位置铺设小鹅卵石面；小鹅卵石面中部用大型鹅卵石标识位置，小鹅卵石上部用较纯净黄黏土修筑"甲"字形墓坑，墓坑东西长约 14、南北宽约 8、残深 1～2 米。甬道位于墓坑西端正中，长约 6、宽约 4.8 米，甬道再向西为墓道，残长约 4、宽约 4.6 米，墓向 280°。墓坑内发现有斜向倒塌的红烧土结构，故推测三号墩应也使用了"人"字形木椁，木椁倒塌后形成了斜向叠压的土层。在四角鹅卵石护坡外围，南、北、东三面分别环绕有夹杂红色基岩块的夯土，质地较致密，推测其可能起到外围加固土墩的作用。

此墓虽多次被盗，但仍出土随葬器物约 200件（组），以原始瓷器、玉石器、陶器为主，另有少量青铜器残片。

随葬器物主要摆放于墓坑东端一长方形区域内，西侧边缘南北向摆放大块鹅卵石作为边界，长约 8、宽 1.5 米。器物摆放密集，共分为 5 组。每组原始瓷器造型较为相似，各组之间略有差异，应代表不同功用的器物组合，主要器形有尊、罐、豆、单把壶、盘口罐、盂、杯、器盖等。部分原始瓷器之间还发现有玉珠、玉管、铜条形器、石刀、陶纺轮等。墓坑四周摆放 7 组器物，每组器物各不相同，分为厚胎厚釉原始瓷器组合、厚胎薄釉原始瓷杯组合、印纹硬陶器组合、石器及陶纺轮组合等。

孟姜土墩墓群是继 2018 年庙山尖土墩墓发掘后对该区域所做的又一项重大考古发掘，土墩虽然都经严重破坏，但各具特点，出土了较为丰富的随葬器物。根据随葬器物形制及纹饰特征，结合 ^{14}C 数据判断，三座土墩墓的年代为西周早中期。

原始瓷器种类丰富、造型精美、组合明确，对研究原始瓷起源、装饰技法、礼器制度、制作工艺及与闽北、皖南和中原文化的交流具有重要价值。玉石器以玉玦为主，成组出现，大小相序，具有很强的礼制特征，证明衢江地区很有可能是西周时期百越地区玦形器再一次复苏的重要起源地，对探索玉礼制的发生、发展、传播及影响具有重要作用。"人"字形木椁为目前所见国内最早的实例，应为绍兴印山越王陵等越国高等级墓葬内同形制木椁的源头。土墩墓这一墓葬形式是长江下游地区的发明和贡献，也是中原地区王侯高等级陵墓封土制度之源，孟姜土墩墓群气势雄伟，营建方式独特，具有鲜明的地方色彩，是江南地区西周时期规模最大、等级最高的土墩墓群，证明了衢江地区是西周时期百越文化的中心之一，存在一个明确的古代政治实体，结合出土器物和历史文献推测，衢江地区极有可能为史书中仅有零星记载的姑蔑国所在地，孟姜高等级贵族墓群或为姑蔑王陵。

本次发掘，从礼制等级、制度文明上反映了姑蔑国在西周时期的政治经济和文化面貌。衢江云溪土墩墓群位于浙、闽、赣、皖南交界处，是研究文化交流、传播、融合的关键节点，它的发现为研究越文化因素来源、百越文化发展乃至中华文明多元一体形成提供了关键资料，是西周考古的重大发现，是百越考古的重大突破。

（供稿：张森　黄昊德）

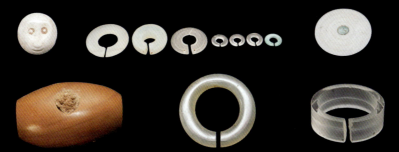

一号墩出土玉石器
Jades Unearthed from Mound No.1

一号墩出土原始瓷豆
Proto-porcelain *Dou*-stemmeds Unearthed from Mound No.1

三号墩出土原始瓷器组合
Proto-porcelain Assemblage Unearthed
from Mound No.3

一号墩出土磨石
Millstone Unearthed from
Mound No. 1

三号墩出土原始瓷单把壶
Proto-porcelain Single-handle Pots Unearthed from Mound No.3

三号墩出土原始瓷器
Proto-porcelains Unearthed from Mound No.3

The Mengjiang Mound Tomb Complex is located in Mengjiang Village in Qujiang District, Quzhou City, Zhejiang Province. From 2019 to 2021, the Zhejiang Provincial Institute of Cultural Relics and Archaeology and the Cultural Relics Preservation Institute of Qujiang District conducted rescue excavations of three large mound tombs, among which No.1 and No.3 mounds are relatively well-preserved. Both are tombs with wood coffin-chambers and in the shape of the character " 甲 "structured with tomb passage, corridor, and tomb chamber. The tomb chamber is 12.7 to 14 m long, and 7 to 8 m wide, the floor paved with cobbles. The wooden coffin-chamber in the shape of the character " 人 ",

and outside covered with charcoal or burned soils to reduce humidity. Also, considerable proto-porcelains and jades of the Western Zhou Period were unearthed. Although the general style of these three mound tombs still presents characteristics of the Yue Culture, grave goods are in a unique style reflecting distinctive regional cultural features. Therefore, this mound tomb complex should be a concentrated place for high-ranking tombs of the same culture and was most likely the royal burial ground of the Gumie State. It also proved that the Qujiang area was a regional political and cultural center in the early and middle Western Zhou Period and one of the significant cultural sources of the Yue Culture.

青海都兰夏尔雅玛可布诺木洪文化遗址

XIA'ERYAMAKEBU NUOMUHONG CULTURE SITE IN DULAN, QINGHAI

夏尔雅玛可布遗址位于青海省海西蒙古族藏族自治州都兰县巴隆乡河东村西3公里处，坐落于柴达木盆地东南边缘昆仑山脉支系布尔汗布达山北麓，地处伊克高里河与哈图河交汇处的临河台上。夏尔雅玛可布，蒙语意为"黄色山羊出没的河滩"。遗址发现于2009年第三次全国文物普查，2021年6～10月，青海省文物考古研究所联合西北大学文化遗产学院对遗址进行了首次发掘，发掘面积1000平方米。

遗址被哈图河分为南北两个台地，东南台地为居址区，面积约3.5万平方米，西北台地为墓葬区，面积10余万平方米。

居址区台地整体呈三角形，西部边缘遭河流冲刷破坏，地表高低起伏，被冲沟分割为三块面积不等的不规则形台地。地表可见三重以石块垒砌的石构墙体和部分石围建筑。发掘区位于内圈石构墙体南部，发掘面积250平方米。现存地势南高北低，文化堆积厚3～5米。发现土坯墙、木构建筑、铜冶铸遗存、灰坑、火塘、活动面、

发掘区分布图（上为北）
Distribution of Excavation Areas (Top is North)

石堆和幼儿瓮棺葬等，出土大量陶器、石（玉）器、骨角牙器、铜器、木器、毛织物等遗物和人骨、动植物遗存。

土坯墙（Q1）以土坯错缝垒砌而成，已发掘部分呈东南—西北走向，东南高、西北低。墙体已发掘部分高 1.18、宽 0.85～1.67 米。单块土坯长 0.1～0.55、宽 0.25～0.3、厚 0.09～0.14 米。土坯墙外侧局部还抹有一层黄泥，部分土坯之间垫有沙石。

木构建筑 1 处，目前共发现 7 根竖插木柱，大致呈东南—西北向弧状分布，已发掘部分高 0.5～0.7 米，推测为圈栏类木构建筑。

铜冶铸遗存位于发掘区东北部，目前已发现大量红烧土、疑似炉壁、陶范、铜渣、炭屑灰烬，红烧土及陶范等分布范围较为集中，但整体已遭破坏，应是冶铸后的废弃堆积。

灰坑大小不一，平面近圆形或椭圆形，剖面呈锅底状，部分灰坑内发现有较为完整的动物骨

土坯墙
Adobe Wall

木构建筑
Wooden Building Foundation

H5 动物骨骼出土情况
Animal Bones in Ash Pit H5 in Situ

居址区铜冶铸遗存
Copper Smelting Remains in the Residential Area

骸。H5 平面近椭圆形，锅底状，口长径 1.05、口短径 0.47、深约 0.15 米。坑内堆积为黄褐色细沙土，土质疏松，包含少量炭块以及植物根茎，出土少量陶片。坑底堆放大量动物骨骼，初步推断为羊亚科动物遗骸。

火塘平面多近圆形或椭圆形，堆积一般较薄，可能是临时使用或者使用时间较短。HT2 平面近圆形，剖面呈锅底状。直径约 0.6、堆积厚 0.08 ～ 0.25 米。火塘内发现大量木炭及未完全炭化木枝、黑色或灰色灰烬、少量经火烧的动物骨骼以及数块附着黑色炭屑的陶片、石块等。火塘周围为经过火烧形成的黑色及深褐色烧土。

墓葬区整体近长三角形。墓葬常年受风沙侵蚀和填土自然沉降影响，地表可见大小不同的碎石围圈，据此勘查发现逾 500 座墓葬。发掘区位于墓地东南部，发掘面积 750 平方米，清理墓葬 25 座、与墓葬密切相关的黄土坑 25 个以及祭祀坑 3 个。

墓地整体布局规律明显，墓葬均为东北—西南向，排列整齐且分布密集，墓葬之间少有打破关系，最近的两座墓葬间距不足 0.3 米，表明墓地使用过程中经过严密规划。墓葬均为近长方形竖穴土坑墓，皆有木椁，多为重椁，个别单椁的墓葬使用木板作为棺床。葬式均为二次扰乱葬，人骨被扰乱，据葬具和残留的部分原位骨骼判断，每座墓葬有墓主一人，头向为西南向，方向多为 210°～ 240°。由于墓葬经过二次扰乱、椁室坍塌、后期填埋的过程，在地表形成一个圆形或椭圆形的黄土坑。随葬器物多见小双耳罐、双耳鼓腹罐、无耳束颈罐、腹耳罐、带耳盆等陶器，较多泡、铃、镳及零星竿头饰（疑似）、衡末饰（疑似）、马策等铜器，大量滑石珠、红玉髓珠、牙坠饰、海贝、绿松石珠等组成的装饰品，以及牛角、羊肩胛骨和羊排（肋骨）等动物骨骼和树皮箭箙等。已发掘墓葬根据规格和随葬器物多寡初步可分为大、小两类。

居址区 T112105 石堆
Stone Heap in Excavation Unit T112105 in the Residential Area

居址区出土毛织物
Wool Fabrics Unearthed from the Residential Area

黄土坑 K16 与 M16
Loess Pit K16 and Tomb M16

M10 盖板及内外椁
Cover, Inner and Outer Coffin-chambers of Tomb M10

M10 椁室
Coffin-chamber of Tomb M10

M21
Tomb M21

M16 外椁榫卯结构
Mortise and Tenon Structure of the Outer Coffin-chamber of Tomb M16

M10 出土陶器与羊排（肋骨）
Potteries and Lamb Chops (Ribs) Unearthed from Tomb M10

M14 出土桦树皮箭箙
Birch Bark Arrow Quiver Unearthed from Tomb M14

M12 出土穿孔贝壳饰品、人骨
Perforated Shell Ornaments and Human Skeletons Unearthed from Tomb M12

大型墓葬 M10 墓向 212°。墓口近长方形，四角圆弧，长 5.57、宽 3.22、深 2.7 米。墓底南北两端发现有长条沟状外椁南北挡板基槽。葬具为内、外双重木椁。外椁平面近长方形，长 4.5、宽 2.5、高 1.3 米。椁室四周铺设南北挡板和东西侧板，东西侧板两端伸出南北挡板呈吊头状，顶铺一层盖板，未见底板。盖板为原木，仅余北部 5 块保存较好。南北挡板为木板，北侧 10 块，南侧 12 块，皆并排竖置于墓底基槽内。东西侧板为一剖为二的半圆木，东侧 8 根、西侧 7 根，自墓底向上横向垒砌叠放。内椁位于外椁室中南部，紧靠南侧挡板，腐朽严重，仅余灰痕，从残存情况看，内椁结构与外椁相似。内椁平面呈长方形，长 2.27、宽 0.6、残高约 0.4 米。墓室内、外椁间西部发现一具仅余头骨、躯干、股骨的人骨，头向南，仰面仰身，初步判定为 27 ～ 28 岁男性。内椁、外椁及填土之中还发现大量零散人骨，应系二次扰乱形成。墓葬填土中发现零散海贝、骨锥、石管珠、绿松石珠、牙饰等共 100 件。墓室内、外椁不同位置发现随葬器物 274 件，铜器有铃、泡、钉、管；陶器集中放置于椁室内北部，有回纹双耳鼓腹彩陶罐、双耳鼓腹罐、扁圆双耳罐、无耳束颈罐、双耳双錾盆、腹耳罐、双耳双錾罐；另有大量滑石管珠、红玉髓珠、绿松石珠、海贝、牙饰等

装饰品和少量骨锥、骨纺轮、牛角、羊排（肋骨）、树皮制品等。

小型墓葬 M21 墓向 192°。墓口近长方形，长 2.23、宽 1.19、深 1 米。墓底南北两端发现长条沟状外椁南北挡板基槽。葬具为单重木椁，保存极差。椁室近长方形，长约 2、宽 0.6 ～ 0.69、高约 0.6 米。椁室结构与 M10 外椁相似，但未见盖板，椁室中部残存部分底板。南北挡板为木板，并列竖向摆放，北侧 4 块，南侧仅余木痕。东西侧板为半圆木，横向垒砌叠放，东侧残存 4 根，西侧残存 2 根。填土及椁室内不同位置发现大量散乱人骨，初步判定为成年男性个体，应系二次扰乱形成。墓葬填土中发现穿孔牙饰 2 件，椁内不同位置出土穿孔牙饰 18 件、海贝 1 件、旱獭骨骼 1 具。

经过前期调查和 2021 年发掘工作，确认夏尔雅玛可布遗址是目前所见唯一一处既有居址又有墓地的诺木洪文化遗址，绝对年代为公元前 1500 ～前 1000 年。本次发掘在居址区发现土坯墙、木构建筑和铜冶铸等重要遗存，并首次明确发现诺木洪文化大型成人墓地，对于研究诺木洪文化的年代分期、聚落形态、丧葬习俗、生业经济、手工业技术和文化互动交流等方面具有重要意义。

（供稿：郭梦　向金辉　王振　王飞虎）

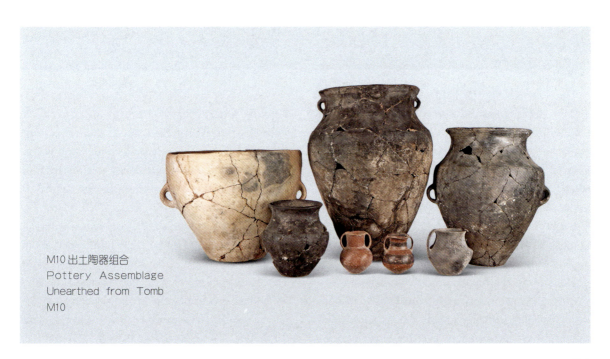

M10 出土陶器组合
Pottery Assemblage Unearthed from Tomb M10

居址区出土铜器、陶范
Bronzeware and Pottery Mold Unearthed from the Residential Area

居址区出土骨笛
Bone Flute Unearthed from the Residential Area

居址区出土木纺轮
Wooden Spindle Whorl Unearthed from the Residential Area

居址区出土骨柄石刀
Knife with Stone Blade and Bone Handle Unearthed from the Residential Area

居址区出土细石核
Fine Stone Core Unearthed from the Residential Area

M10 出土彩陶回纹双耳罐
Painted Pottery Double-handled Jar with Fret Pattern Unearthed from Tomb M10

M10 出土疑似衡末饰青铜器
Suspected Bronze Yoke Finial Unearthed from Tomb M10

M10 出土装饰品
Ornaments Unearthed from Tomb M10

The Xia'eryamakebu Site is located in Hedong Village of Balong Township in Dulan County, Haixi Mongol and Tibetan Autonomous Prefecture, Qinghai Province. The site is divided into north and south terraces by the Hatu River; the southeast terrace is the residential area, while the northwest terrace is the burial area. From June to October 2021, the Qinghai Provincial Institute of Cultural Relics and Archaeology and others excavated a 1,000 sq m area of the site. In the residential area, archaeologists discovered adobe walls, wooden building foundation, copper smelting remains, hearths, etc., and unearthed numerous artifacts such as potteries, stone (jade) objects, bone, horn and tooth tools, bronzes, woodware, and wool fabrics. The 25 excavated tombs are all vertical earthen pit tombs with wood coffin-chambers, in the northeast-southwest orientation and neatly arranged; grave goods are mainly in potteries, bronzes, charms, and animal bones. The site is the only Nuomuhong Culture site containing both residential and burial areas found so far, with absolute dates ranging from 1500 BCE to 1000 BCE. This excavation places great significance in studying issues such as the chronology, settlement structure, funeral custom, subsistence economy, and handicraft technology of the Nuomuhong Culture.

江西樟树
国字山战国墓

GUOZISHAN WARRING STATES TOMB IN ZHANGSHU, JIANGXI

国字山墓群是清江盆地东周时期的中心性城址——筑卫城的附属性遗存，发现于2013年。筑卫城位于江西省樟树市大桥街道彭泽村洪光塘西南，地处赣江南岸二级阶地的边缘地带。城址东西长410、南北宽360米，面积14万平方米。城址有城墙环绕，现存最高处达21米，城墙外侧城壕清晰可辨。筑卫城周边分布着大量同时期的城址、遗址、墓群等，墓群包括国字山墓群、牛头山墓群和郭峰墓群等。国字山墓群位于筑卫城以西，由四座形制相近、规模相似的大型墓葬组成，国字山墓葬即是其中的M1。

2017～2021年，在国家文物局的支持下，江西省文物考古研究院、中国社会科学院考古研究所和樟树市博物馆组成的国字山考古队对国字山墓葬及周边地区开展了系统的勘探、发掘和研究工作。整体工作秉持聚落考古的理念，将国字山墓葬置于筑卫城遗址群和东周时期清江盆地的大时空框架中考察。在发掘前，制定了发掘计划、应急预案、发掘和清理流程等，并建设了基于大地控制网的考古发掘数据库，作为工作平台。在发掘的同时，多学科的合作研究与文物保护同步进行。经过近五年的发掘，国字山墓葬考古发掘取得了阶段性成果。

M1位于筑卫城西侧约300米处的小山顶部，外围有东西长约80、南北宽约63米的近长方形围沟环绕。墓葬是东西向"中"字形竖穴土坑墓。主墓道向东，东西长8、南北宽3.3～5.6米，西墓道东西长6、南北宽3～3.5米。墓道底部均呈斜坡状。墓道近墓室处高出二层台约1米。墓室东西长约16、南北宽约14.4米，面积约230平方米。墓壁竖直，深约6米。椁室周边是宽1.3～1.5、高1.8～2米的熟土二层台。二层台由白膏泥、木炭和红生土分层夯筑而成。墓室四角均有意留出一个打破二层台的角坑。南壁正中、二层台偏上的位置有一壁龛，其内放置陶鬲、鼎、豆、罐等。

椁室东西长约13.5、南北宽约11.4、高约2米，由垫木、底板、侧板、立柱和盖板组成。其构建方式是在墓底垫东西向枕木，枕木上铺南北向底板，四周用木方垒砌形成侧板。椁室内以东西向长隔断将室内分为南北5行，每行内又用南北向短隔断分作东西5个小室。隔断上挖有承载立柱的卯孔。立柱上方原应有横木以承托椁盖板，已腐朽不存。椁盖板呈南北向分布。椁底板均使用边长0.3、长约6米的木方。椁室各部位均使用楠木，椁盖板上覆盖多层用杉木削制的金黄色木皮，这一现象与印山大墓"人"字形椁室外覆盖树皮的做法类似。

椁室内除中间一行因放置主棺，隔断略有错位外，分室排列整齐有序。椁室内分室东西长2.1～3、

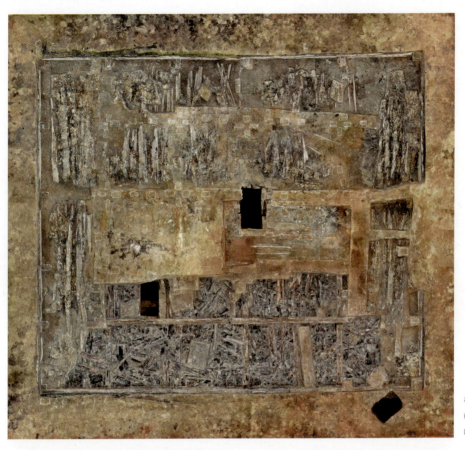

椁室正射影像图
Orthophoto of the
Coffin-chamber

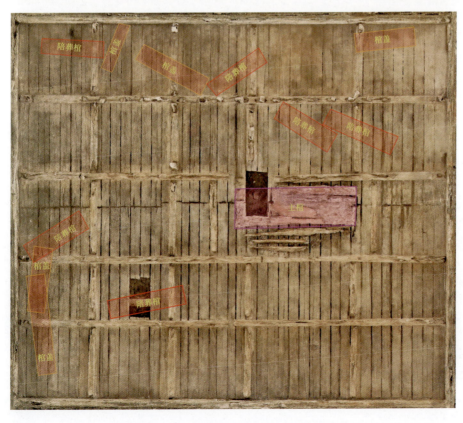

主棺及陪葬棺位置示意图
Diagram Showing Positions
of the Main coffin and
Accompanying Coffin

椁盖板及覆盖物
Cover and Covering of the Coffin-chamber

椁底板、隔断及立柱
Bottom Panels, Partitions, and Columns of the Coffin-chamber

船形主棺
Boat-shaped Main Coffin

S16 器物出土情况
Artifacts Unearthed from Sub-chamber S16 in Situ

南北宽 2 ~ 2.2 米，面积 4 ~ 6 平方米。中间最大的分室长 4.66 米，面积达 10.2 平方米。椁室内放置 7 具棺木，主棺位于椁室中部，为船形独木棺，长 3.66、宽 1.22 米。另外 6 具为陪葬棺，均为独木棺，因盗扰而脱离原始位置，散布于周边分室内。棺内人骨不存。

墓葬虽经早期盗扰，仍出土各类器物 2600 余件（套），其中以漆木器为主，此外还有金属器、陶瓷器和玉石器等。从器类看，囊括了礼器、乐器、兵器、车马器、日常用具等多种品类。礼器有铜鼎、盉、盘、匜等。S24 内残存有一组青铜礼器，包括鼎 4 件以上、盉 2 件以及多件盘、匜，鼎多为越式鼎，盉为提梁盉和曲柄盉。乐器包括铜钟、漆鼓、琴、瑟、筝，以及漆编钟架、鼓座等，还出土钟纽等乐器构件。出土的漆瑟色彩华丽，图案复杂，十分精美；漆筝保存完好，总长达 2.3 米，是目前发现的先秦时期最长的一件筝。S16 内出土漆鼓 3 面，其中一面为对鸟悬鼓。兵器有铜戈、戟、

剑、镞和漆木盾等。墓内出土鎏金铜柄木剑 1 件，剑首镶嵌琉璃珠，还出土漆木盾 30 余件。墓内出土大量长木杆，当为兵器的秘部。车马器有车軎、伞盖、衡末饰、盖弓帽和铜泡等。日常用品包括铜镇、削刀、凿、帐钩等。陶瓷器包括素面灰陶器、印纹硬陶器和原始瓷器等。墓内还出土铜跽坐人形镦鸠杖 1 件，此类器物以往多见于长江下游的吴越核心文化区。部分青铜器有包金、错金装饰，表现出高规格的特征。墓葬中还出土蜻蜓眼、玉龙、玉凤等精美装饰品。墓内出土有铭铜戈（戟）2 件，铭文分别为"者殹自乍用戟"和"于戈台王旨殹之大子不（？）寿自乍元用矛"。器主分别为越王勾践玄孙殹（前 410 ~ 前 375 年）和殹子不（？）寿。

本次考古工作还对墓园进行了全面发掘，根据早期航空和卫星影像提供的线索，对周边地区开展有针对性的钻探工作，发现了茅里山城址和茶盘山城址，结合以往发现的营盘里等城址，确认了以筑卫城为核心，沿赣江河谷二级阶地分布

铜鼎
Bronze *Ding*-tripods

铜提梁盉
Bronze *He*-pitcher with Loop
Handle

铜曲柄盉
Bronze *He*-pitcher with Curved
Handle

鎏金铜剑柄
Gilt Bronze Hilt

铜镇
Bronze *Zhen*-weights

铜踞坐人镦
Bronze *Dui* Shaped in a Kneeling Figure

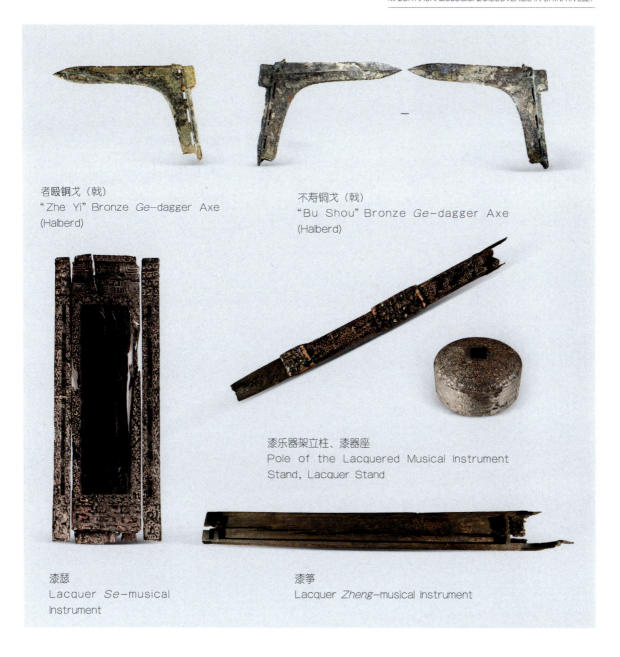

者殹铜戈（戟）
"Zhe Yi" Bronze *Ge*-dagger Axe
(Halberd)

不寿铜戈（戟）
"Bu Shou" Bronze *Ge*-dagger Axe
(Halberd)

漆乐器架立柱、漆器座
Pole of the Lacquered Musical Instrument
Stand, Lacquer Stand

漆瑟
Lacquer *Se*-musical
Instrument

漆筝
Lacquer *Zheng*-musical Instrument

着一列城址群，为探讨本区域的聚落布局提供了新线索。

根据墓葬形制、随葬器物风格以及铭文等判断，该墓的时代为战国中期。墓葬外有围沟环绕，采用双墓道的多室结构，葬具规格高，随葬器物种类齐全，表明墓主具有很高的地位，或与越国王室密切相关。这是迄今江西地区考古发掘规模最大的东周时期墓葬，填补了江西东周时期考古的空白，为构建和完善本区域两周时期考古学文化序列谱系提供了关键性资料。

墓葬体现出多种文化因素交融共存的特征。墓葬具有突出的越文化因素，如周围有围沟、椁板覆盖木皮、船形棺，以及随葬原始瓷器、几何印纹陶器、越式铜鼎、铜鸠杖等，同时伴有相当数量的楚文化因素、群舒文化因素，以及自身独特的文化因素。它的发掘是越国、越文化考古的新突破，为百越文化研究打开了新的局面，对研究作为"吴头楚尾"的江西地区东周时期吴越楚关系、政治格局演变具有重要价值，更为本区域"中华文明多元一体"进程的探索提供了直接证据。

（供稿：王意乐　唐锦琼　张建仕　周龙才）

127

玉龙
Jade Dragon

玉凤
Jade Phoenix

漆木盾
Lacquered Wood Shield

玉环首金钿铜削刀
Bronze Craft Knife with Jade Ring and Gold Buckle

陶罐、陶豆
Pottery Jars and Pottery *Dou*-stemmed Bowls

原始瓷盂
Proto-porcelain *Yu*-basin

陶鼎
Pottery *Ding*-tripod

三足印纹硬陶罐
Three-legged Stamped Hard Pottery Jar

The Guozishan Tomb Complex is the affiliated remains of the Zhuweicheng Site, consisting of four large tombs with similar structures and scales, of which tomb M1 is the Guozishan Warring States tomb excavated by the Jiangxi Provincial Institute of Cultural Relics and Archaeology and others from 2017-2021. Tomb M1 is a vertical earthen shaft pit tomb in the shape of the character " 中 ", the tomb chamber is about 16 m long from east to west and 14.4 m wide from north to south. The coffin-chamber was divided into 25 sub-chambers, in which placed one main coffin and six accompanying coffins. Among over 2,600 pieces (sets) of unearthed artifacts, most are lacquer and wooden wares, along with bronzes, ceramics, jades, etc. The inscriptions on bronze *ge*-dagger axes (halberds) indicate that they were respectively owned by the great-great-grandson Yi of Goujian, the King of Yue, and Yi'son Bu(?) Shou. According to the tomb structure, style of grave goods, and inscriptions, it is determined that the tomb dates back to the middle Warring States Period, making it the largest tomb of the Eastern Zhou Period excavated in the Jiangxi area so far. It fills the gap in the field of Eastern Zhou archaeology in Jiangxi and provides materials for establishing and complementing the sequence and genealogy of the archaeological culture of Zhou Dynasties in this region.

内蒙古苏尼特右旗
吉呼郎图匈奴墓群

JIHULANGTU TOMB COMPLEX OF HUNS IN SONID RIGHT BANNER, INNER MONGOLIA

吉呼郎图匈奴墓群位于内蒙古自治区锡林郭勒盟苏尼特右旗额仁淖尔苏木吉呼郎图嘎查，东北距苏木政府约5公里，地貌为剥蚀丘陵草原。墓群由120座墓葬组成。2021年7～10月，内蒙古文物考古研究院与北京师范大学历史学院等单位合作对该墓群进行了发掘，清理墓葬22座，取得了一系列重要考古新发现。

除M17外，其余墓葬的地表皆有封石堆，多数为圆形，最大的封石堆直径约13米，最小的直径约5米。封石堆中的石块大小不一，主要以灰色变质岩和花岗岩为主。大多数墓葬有填土外溢的现象，封土高于地表0.2～0.3米，封石摆放在封土上方，使封石堆整体呈微隆的形态，地表特征较为明显。墓坑位于封石堆下方，一般为一冢一穴，同冢异穴墓只发现一座（M32、M33）。M32、M33封石堆下方的垫土厚达1米，垫土上方铺一层石块。墓葬均为竖穴土坑墓，长2～3、宽约1、深1.5～4.3米，墓坑长度及深度与封石堆大小成正比。个别墓葬在土坑内设有生土二层台，表面残存木屑痕迹。其中M4二层台宽0.15、高0.6米，M10二层台宽0.15、高0.9米。M10、M12、M14的坑底四角皆有柱洞，部分柱洞内残存木柱，这些木柱可能用于建造墓坑时搭建临时棚帐。从封石堆和墓坑的规模看，M6～M8、M17、M20的规模较小，可能与附近规模较大的墓葬存在从属关系。

墓葬皆有葬具，多为木棺木椁或木棺石椁的组合形式，小型墓葬为单木棺或单石棺。木椁一般为框架式架构，侧壁用木板竖直搭建框架，顶部用木板东西横向搭建，木板间有0.06～0.12米的空隙。少数木椁的盖板有焚烧痕迹。石椁一般以片石砌在墓坑四壁，木棺四壁紧贴石椁内壁。木棺平面近梯形，头宽尾窄。木质棺椁皆以

M10 封石堆
Stone Mound of Tomb M10

M11 封石堆
Stone Mound of Tomb M11

M12、M13 封石堆
Stone Mounds of Tomb M12 and Tomb M13

M3
Tomb M3

M11
Tomb M11

M13
Tomb M13

M24
Tomb M24

榫卯拼合，卯口为长方形，个别木棺表面髹黑漆。M10 木棺外侧装饰有网格形铁条及大量铁柿蒂花形饰，棺头部位有铁日月形饰。铁四瓣柿蒂形花饰多位于网格形铁条的中央，铁三瓣柿蒂形花饰位于网格边缘。木棺棺板普遍较薄，厚约 0.03 米。M20 用石板围砌作棺，但棺内空间狭小，未见人骨。

墓葬全部为单人葬，仰身直肢，大部分头向西北，少数头向北或东北。M17 是唯一一例头向西的墓葬。人骨多被扰乱，甚至残缺不全，骨质非常疏松，降解严重。

棺内随葬器物多为箭镞、骨弓弭、骨弓附、骨筷、铁刀、铜镜、珠饰等。多数墓葬北部有头箱，集中摆放随葬器物，主要有陶器、铜器、铁器、骨器、动物殉牲，器物摆放位置无明显规律。陶器多为泥质灰陶壶和夹砂黑陶罐组合。灰陶壶的纹饰以弦纹为主，个别陶壶表面有划压暗纹、黑陶罐表面多见绳纹，陶器外底均有内凹的方形戳印。铜器主要为镜和扣。M11 出土了 1 件完整的具有欧亚草原风格特征的带柄铜镜，其余铜镜皆为残片，纹饰为典型的汉镜风格。铁器主要有马镳衔、带扣、灯、剑、镦等。骨器主要有弓弭、筷、纺轮等。珠饰主要为琥珀珠，M24 出土了玻璃耳珰残片 1 件。

动物殉牲主要为牛、马、山羊、绵羊的部分骨骼，多以头和蹄的组合形式出现，骨骼表面普遍有焚烧痕迹。墓葬动物殉牲多寡不一，其中 M9 出土了 1 头牛、6 头羊以及 2 匹马的头骨、椎骨、蹄骨，M24 出土了 6 个马头和 1 个羊蹄骨。此外，在 M10 的陶罐中发现了少量谷物颗粒，经鉴定为黍粟类，为了解东汉时期匈奴人群的食物结构提供了重要线索。

部分墓葬封石堆附近分布有祭祀性灰坑，共计 11 个，其中 M9 和 M24 各有 2 个。祭祀性灰坑多位于封石堆南侧，直径 0.3 ～ 0.8、深 0.1 ～ 0.25 米。坑内堆积主要以焚烧后的草木灰为主，包含物有细石器、动物烧骨、碎陶片等。

吉呼郎图墓群普遍使用圆形石头封堆，墓坑呈南北向，头向北，木棺用铁柿蒂形花装饰，随葬陶壶、陶罐以及牛、马、羊等葬制，与漠北地区匈奴墓葬的特征基本一致。出土陶器的形制和纹饰具有典型的匈奴风格，出土铜镜、漆器、玻璃饰品多来自汉地，琥珀珠饰则可能通过草原地

M33
Tomb M33

区远距离贸易而来，反映出该族群与汉朝及漠北地区匈奴有着非常密切的互动联系。^{14}C 测年数据显示，墓群的年代为西汉晚期至东汉时期，正是南匈奴内附汉朝、北匈奴西迁，匈奴由盛转衰，逐步丧失草原霸权的历史时期。

吉呼郎图匈奴墓群是我国阴山以北、戈壁以南草原地区发现的第一处匈奴墓群，墓葬数量多，文化特征鲜明，填补了内蒙古草原地区匈奴遗存分布的空白，学术意义重大。此次发掘初步厘清了墓葬的葬制，为匈奴考古研究提供了重要的新材料。

（供稿：宋国栋　单月英　曹鹏）

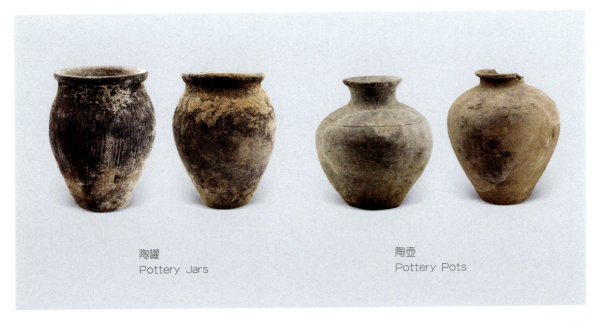

陶罐
Pottery Jars

陶壶
Pottery Pots

铜规矩镜
Bronze TLV Mirror

铜扣
Bronze Buckles

铜镜
Bronze Mirror

铁灯
Iron Lamp

铁柿蒂形棺饰
Iron Coffin Decorations in
Persimmon Calyx Shape

琥珀串珠
Amber Beads

骨器
Bone Tool

铁日月形棺饰
Iron Coffin Decorations
in Sun and Moon Shape

骨筷
Bone Chopsticks

The Jihulangtu Tomb Complex of Huns is located in Jihulangtugacha, Erennao'er Sumu, Sonid Right Banner, Xilingol League, Inner Mongolia Autonomous Region. From July to October 2021, the Inner Mongolia Institute of Cultural Relics and Archaeology and others excavated 22 tombs, most found circular stone mounds on the ground and structured in vertical earthen shaft pits, a few constructed raw-earth secondary ledges within pits. All tombs have burial receptacles, and each buried a single person in the extended supine position – most with heads toward northwest while a few toward north or northeast. Grave goods were placed mainly in the north head chamber, including muddy grey pottery pots, sand-tempered black pottery jars, lacquerwares, bronze mirrors, iron *fu*-cooking pots, bone nocks, bone chopsticks, amber beads, etc., as well as sacrificial animal bones and a few millets. The tomb complex ages from the late Western Han Dynasty to the Eastern Han Dynasty. It is the first tomb complex of Huns discovered in the grassland area north of the Yin Mountains and south of the Gobi in China, filling the gap in the distribution of Huns remains in the grassland area in Inner Mongolia.

洛阳洛龙区
白草坡东汉陵园遗址

*BAICAOPO EASTERN HAN MAUSOLEUM SITE IN
LUOLONG DISTRICT, LUOYANG*

白草坡东汉陵园遗址位于河南省洛阳市洛龙区庞村镇白草坡村东北，地处万安山北麓高坡和伊洛河谷地交接的前缘，为洛南东汉帝陵的组成部分。2006～2007年，为配合郑西高铁建设，洛阳市文物考古研究院曾对陵园进行过初步调查和发掘。2017年起，洛阳市文物考古研究院重启陵园遗址的考古勘探与发掘，工作延续至今。

通过钻探可知，遗址总面积约85万平方米，陵园外围未见垣墙，布局与邙山陵区的大汉冢、二汉冢陵园相似。帝陵封土于20世纪70年代被夷平，经勘探可知原始封土直径约125米，墓道宽约10米。陵园内除陵冢外，东北部分布4组大型陵寝建筑。封土东侧的六号建筑单元为方形高台式建筑，紧邻封土边缘，边长约80米。再向东为四号建筑单元，该单元南侧为长方形夯土台基，北侧有垣墙围合的院落。四号建筑单元东侧的五号建筑单元，大部分被现代厂房占压，仅见西侧垣墙。陵园东北角为一组大型院落群，可分为3个独立单元，分别为一号、二号、三号建筑单元。根据文献中对东汉陵园陵寝建筑排列方式的记载，可基本确认六号建筑单元为"石殿"，四号建筑单元为"寝殿"，五号建筑单元为"园省"，一号、二号、三号建筑单元为"园寺吏舍"。封土正北约170米处有一组东西排列的长方形夯土台基，2017年经发掘确认为内陵园北侧门阙。封土的北侧、东侧各有一条东西向和南北向道路，道路旁边

三号建筑单元发掘区航拍图
Aerial Photograph of the Excavation Area of Building Unit No.3

有排水渠。另外在陵园内还有零星分布的夯土基址、道路和排水渠等遗迹。

2020 ~ 2021 年发掘面积 2600 平方米，发掘位置为陵园东北侧的三号建筑单元西南角。三号建筑单元西侧有一条南北向道路（L5），南侧有一条东西向道路（L1），宽约 3.5 米，为陵园内部路网的组成部分。西侧垣墙外有排水渠（G10、G11），为陵园内排水系统的组成部分。排水渠转角处有一处方形渗井（渗井 9），底部和四壁以砖砌筑，顶部有两块长条形石盖板，石盖板上

留有圆形渗水孔。三号建筑单元被晚期道路（L4）打破，道路呈西北—东南向。

三号建筑单元总体为院落群式建筑，外侧有夯土垣墙环绕，内部为成排分布的院落。南侧有单独的外垣，西侧则以院落西墙作为外侧垣墙。南侧垣墙与内部院墙之间有宽 19 米的东西向通道，是内部院落通往外围的主通道。通道内有东西向排水渠（G12），发掘长 35、宽 1.3 ~ 1.8、深约 1 米。排水渠的西端有一处渗井（渗井 10），每间隔一段距离就设置一处渗井。东西向

主通道内还发现有南北向的隔墙（Q65）和隔门，隔墙东侧发现一处椭圆形砖砌地穴式遗迹（窖8）。在建筑单元西南角发现门址（门16）和角楼。门址宽3.9米，在门址东西两侧各有两块柱础石。角楼位于门址南侧，残存方形夯土台基，边长约5.5米，台基周边发现有圆形柱洞。

三号建筑单元内院落为南北两排背靠背分布，南侧院落南向，北侧院落北向。已发掘的南向院落包括7号、8号、10号院落以及北向9号院落。其中7号院落为完整揭露，8号、9号、10号院落仅揭露局部。院落整体方向为10°。

单个院落周围以夯土墙围合，部分仍保存低矮的墙体，部分则只残留基槽。墙体宽0.8～1.1、残高0.25～0.35米，基槽深1.25～1.3米。夯土墙交叉处均有柱础石，为方形青石。部分柱础石在毁弃过程中被挖出，仅留坑状痕迹。

各院落内部结构基本一致。以7号院落为例简要介绍其布局。院落内部柱网结构清晰，面阔

四间、进深六间，南北长约29、东西宽约19米。院落北端有两座房址（F14、F15）。F15为正室，房址内部有夯土墙分隔，南侧门址居中，正对院落大门。F14位于院落西北角，面积较小，门开于一侧，房址内部有一处椭圆形砖砌地穴式遗迹。F15南侧为天井，天井外侧有包边砖。天井的东南部有一处方形砖砌渗井（渗井11），长2.3、宽2、深1.6米，底部以大青砖铺底，四壁为小砖叠砌，顶部为长方形石盖板，仅残存一块，上有渗水孔。渗井西南角有一条砖砌的小排水渠，长约17、宽0.43～0.5、深0.4米，向南通往院落外，与门址外东西向主排水渠连接。所有排水渠均为暗渠。天井东西两侧为廊道。廊道及房址内地面均应铺有方形地砖，大部分已被揭取。

出土遗物主要有陶器、铜器、铁器和兽骨等，其中陶建筑材料数量最多。

陶建筑材料均为泥质灰陶，包括瓦当、筒瓦、板瓦和条形砖。瓦当为圆形云纹瓦当，模制，有

三号建筑单元西南侧门址（西—东）
Southwest Side Gate of Building Unit No.3 (W–E)

三号建筑单元西侧垣墙、道路和排水渠（南—北）
Wall, Road, and Channel Drain on the West Side of Building Unit No.3 (S–N)

三号建筑单元西南门址和角楼
Southwest Gate and Corner Tower of Building Unit No.3

界格，中心饰乳丁，外饰弦纹两周，弦纹间用双直线分成四格，每格内各饰卷云纹，边缘平整。筒瓦为半圆筒形，少数与瓦当组合在一起，纹饰为外绳纹、内布纹。绳纹有粗、细和斜、直之分，多直、斜绳纹组合，少量单饰直绳纹。板瓦出土数量较多，外饰粗直绳纹、斜绳纹，内饰布纹，瓦首内侧饰菱形纹。瓦首、瓦尾部分绳纹抹平。少量板瓦凸面上饰钱纹、"五"字纹、菱形纹。条形砖均为素面。小型砖长 24、宽 12、厚 5 厘米，中型砖长 32、宽 16、厚 5.5 厘米，大型砖宽 24、厚 11 厘米。

陶器以日用器为主，可见器形有罐、盆、碗等。铜器有指环、铺首、扣、饰件等，铜铺首为鎏金兽面形。铁器有门篏、环和生产工具、钉等。最重要的器物为 2020 年发掘出土的一件石圆形器，底平，外侧壁有"光和三年造"题记，外径 80、内径 70、高 25 厘米。

通过近几年的工作，基本厘清了陵园的整体布局，尤其是对一号、三号建筑单元的布局有了清晰的认识。石圆形器的纪年题记为东汉灵帝年号"光和"，为探讨陵主归属提供了重要证据。虽然东汉时期有皇帝在位时预做寿陵的情况，但据文献记载，灵帝文陵位于邙山陵区，且基本确认刘家井大冢为灵帝文陵，因此这件石器极有可能是修建桓帝陵园时制作。白草坡东汉陵园为洛南陵区距离都城最近的陵园，根据文献记载，洛南陵区诸陵中桓帝宣陵距离都城最近。根据目前发掘资料整理的情况看，陵园内出土瓦当多属东汉晚期。综上，可基本确认白草坡东汉陵园为桓帝宣陵，这是东汉帝陵地望研究的一次重要突破。

（供稿：王咸秋　何慧芳）

石圆形器外侧壁文字
Characters on the outer Side of Round Stone Object

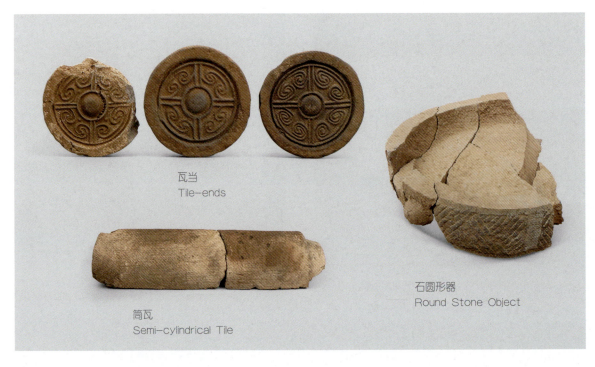

瓦当
Tile-ends

筒瓦
Semi-cylindrical Tile

石圆形器
Round Stone Object

7 号院落内渗井
Seepage Pit in Courtyard No.7

7 号院落内小排水渠
Mini Channel Drain in Courtyard No.7

7 号院落内砖砌地穴式遗迹
Brick–built Subterranean Remains in Courtyard No.7

8 号院落廊道残存铺砖
Remaining Paving Tiles of the Corridor in Courtyard No.8

The Baicaopo Eastern Han Mausoleum Site is located northeast of Baicaopo Village of Pangcun Town in Luolong District, Luoyang City, Henan Province. The site is about 850,000 sq m in size, where the Luoyang Municipal Institute of Cultural Relics and Archaeology conducted archaeological exploration and excavation from 2017 and found four large-scale building complexes in the northeast of the burial mound. From 2020 to 2021, archaeologists uncovered the southwest corner of building unit No.3 and the remains of road and channel drain within a 2,600 sq m area. Unearthed artifacts mainly include potteries, bronzes, ironware, and animal bones, among which the pottery building materials made of muddy grey clay took up the majority and typed in tile-ends, semi-cylindrical tiles, flat tiles, and rectangular bricks. The most important discovery is a round stone object unearthed in 2020, inscribed with "Guang He San Nian Zao (manufactured in the third year of the Guanghe Era)"on the outer side. The years' work elucidated the overall layout of the Baicaopo Eastern Han Mausoleum and confirmed it is the Xuan Mausoleum of Emperor Huan, making it a significant breakthrough in studying the localities of the Eastern Han royal mausoleums.

西安汉文帝霸陵
考古勘探与发掘收获

ARCHAEOLOGICAL EXPLORATION AND EXCAVATION RESULTS OF THE BA MAUSOLEUM OF EMPEROR WEN OF HAN IN XI'AN

汉 文帝刘恒是西汉第三代皇帝，公元前180～前157年在位，逝后葬霸陵，不起封土。据文献记载，汉文帝霸陵在今西安市东郊白鹿原东北的"凤凰嘴"，但勘探情况表明此处并无汉代陵墓遗存。

其后，考古工作人员对"凤凰嘴"南侧2000余米的窦皇后陵进行了考古勘探。窦皇后陵现存"覆斗形"封土，高28米，墓葬形制为"亞"字形，其封土外围分布有10余座外藏坑，四面有夯墙遗迹，中间位置为门址，西北角有一处夯土基址。

江村大墓东距窦皇后陵约800米，勘探情况表明，墓葬形制为"亞"字形，地表无封土，墓室边长73、深30余米。墓室四周有115座外藏坑，外围有卵石铺砌的陵园设施（暂名"石围界"），边长逾390、宽1.3～1.5米，石围界四面正中外侧有门址。在江村大墓、窦皇后陵外围还发现了更大范围的夯墙遗迹，东西残长逾1200、南北宽逾860米，墙宽约3.5米，判断其应为江村大墓和窦皇后陵的外陵园墙址。

在外陵园以内，江村大墓东西两侧各发现外藏坑1组，东侧为14排22座，西侧仅有1座；其北侧探出建筑基址1处；窦皇后陵周边也有3处建筑基址。另外，在江村大墓和窦皇后陵之间发现一座"甲"字形墓葬。

此外，还在外陵园西、南两侧各探明小型外藏坑1组，共60余座；在江村大墓西北500～1000米区域（即江村周边）探出陶窑遗址40余处。同时，探明霸陵的陪葬墓主要位于江村大墓西、北3000～4000米的区域，共发现3组20余座。

2017～2018年，陕西省考古研究院对位于江村大墓以北1600米处的一组陶窑进行了发掘。这批陶窑共17座，分为6组，一般2～5座共用一个操作间。操作间南北长5～13、东西宽约4米。陶窑由火门、火膛、窑室、烟囱构成，通长约5、

江村大墓石围界
Stone Perimeter Enclosures of the Jiangcun Grand Tomb

江村北汉代陶窑
Pottery Kilns of the Han Dynasty in the North of Jiangcun

江村大墓西南小型外藏坑马骨等出土情况
Horse Skeleton and Other Artifacts in a Small Outer Storage Pit in the Southwest of the Jiangcun Grand Tomb in Situ

宽 0.8 ～ 3 米。遗址内清理出土大量汉代板瓦、筒瓦、瓦当、几何纹方砖、陶水管等建筑材料残件，以及陶罐、壶、盆等。根据其位置及出土器物多为汉初的情况来看，这批陶窑应为霸陵营建烧制建筑材料的作坊遗址。

同时，自 2017 年开始，对江村大墓东北、西南区域的 8 座外藏坑进行了发掘。其中位于西南角的两座小型外藏坑（编号 K29、K32）位于陵区垫土层之下，形制为长方形竖穴土圹，长 3.5、宽 2、深 7.5 ～ 9 米，坑内清理出马骨 1 具，另有塑衣陶俑、陶盆、陶罐等各 1 件。其余外藏坑均位于垫土层之上，形制为带斜坡道的竖穴土圹，长 6.5 ～ 7.2、宽 3 ～ 6、深 6 ～ 9 米。坑壁两侧有 "之" 字形台阶，底部有木椁遗迹。坑内遗存主要有着衣式陶俑（个别戴有刑具）、陶器、铁器、铜器及漆木器遗迹等。值得一提的是，外藏坑中还清理出 "中司空印" "中司空丞" "山官" "仓印" "厩廥" 等多枚明器官印。

2018 ～ 2019 年，在江村大墓西南约 3900 米处发掘了 23 座汉墓，其中 4 座为 "甲" 字形大墓，

均为竖穴木椁结构，规模最大者全长 54、墓室边长 18 ～ 20、深 16 米。该墓虽被盗严重，但仍清理出土玉衣片 2000 余枚，以及陶乐舞俑及陶编钟、编磬等珍贵文物 200 余件。另外，还出土了带有 "襄城家" 铭文的铜锅等器物。这四座墓可判定为江村大墓的陪葬墓。

根据以上考古资料来看，江村大墓及其周边的遗迹形成了一个较为完整的陵区，与汉高祖长陵、汉景帝阳陵等形制要素相近，平面布局相似，整体规模相当，并有显而易见的发展演变轨迹。结合文献记载，可以确认江村大墓即为汉文帝霸陵。

薄太后南陵北距江村大墓约 2000 米。勘探发现，南陵墓室向东偏离封土，墓葬形制亦为 "亚" 字形，墓室边长 75、封土高 25 米。封土周围有 20 座外藏坑，墓室东、北侧有 3 处建筑基址，并在封土西北发现 380 余座小型外藏坑。南陵外围也发现了石围界，边长 600、宽约 2 米。

对南陵的发掘工作主要是清理了封土西侧的 3 座外藏坑，形制均为带斜坡道的长条形竖穴，长 21 ～ 42、宽 3 ～ 6、深 6 ～ 7 米。坑壁两侧有 "之"

江村大墓外藏坑三维扫描图
3D Scanning of Outer Storage Pit of the Jiangcun Grand Tomb

江村大墓外藏坑着衣式陶俑出土情况
Pottery Dressed Figurines in Outer Storage Pit of
the Jiangcun Grand Tomb in Situ

江村大墓外藏坑发掘现场
Excavation Site of Outer Storage Pit of the
Jiangcun Grand Tomb

南陵外藏坑原大木车遗迹出土情况
Full-size Wooden Chariot Remains in Outer Storage
Pit of the Nan Mausoleum in Situ

字形台阶，底部有木樽遗迹。其中1号坑（编号K1）清理出土塑衣彩绘陶俑160余件，金、银、铜质车马器200余件，陶罐、铁釜、铜环等器物百余件。另外，还出土"长信厩印""长信厩丞"等铜印、封泥多枚。2号坑（编号K2）仅发掘东半部分（长20米），清理出原大木车遗迹2处、原大铜车马器上百件。从木车遗迹和车马器摆放的情况推测，至少放置有3或4辆木车。3号坑（编号K3）因遭严重盗掘，仅出土10余件塑衣彩绘陶俑及少量车马器，其坑口南侧发现一条砖铺道路，残长19、宽1.5米，其中约2米伸入南陵封土之下。

南陵西北小型外藏坑发掘39座，目前发掘可见樽具有砖栏、陶棺，内有金丝猴、丹顶鹤等动物骸骨以及少量陶罐、陶俑等。

本次考古工作否定了"凤凰嘴"为汉文帝霸陵的传统认识，确定了霸陵的准确位置，解决了西汉十一陵的名位问题。包括汉文帝霸陵在内的西汉帝陵规模、形制、布局及内涵的基本确认，为西汉帝陵制度形成、发展、演变的研究提供了翔实的考古资料，亦为中国古代帝王陵墓制度的深入研究奠定了基础。

霸陵的双重陵园、帝陵居中、象征官署机构的外藏坑围绕帝陵布局等，均为西汉帝陵中最早出现，表明皇帝独尊、中央集权的西汉帝国政治理念的初步确立；霸陵平面格局上承长陵、安陵，下启阳陵、茂陵等，是西汉帝陵制度发展演变的关键环节，同时也折射出西汉帝国国家政治思想、意识形态发展变化的趋势。

霸陵出土印章、封泥及其他带字器物等，证实了"陵墓若都邑"、帝陵"模仿现实中的西汉帝国"的建设理念。南陵外藏坑发现的带有草原风格的金银器是先秦两汉时期农牧文化交流与融合的直接证据，见证了中华文明由"多元"到"一体"的历史发展趋势。

（供稿：马永赢　曹龙　朱晨露　张婉婉）

南陵外藏坑塑衣彩绘陶俑出土情况
Painted Pottery Dressed Figurines in Outer Storage Pit of the Nan Mausoleum in Situ

南陵西北小型外藏坑动物骸骨和陶器出土情况
Animal Skeleton and Pottery in a Small Outer Storage Pit in the Northwest of the Nan Mausoleum in Situ

江村大墓外藏坑出土陶刑徒俑
Pottery Criminal Figurines
Unearthed from Outer
Storage Pit of the Jiangcun
Grand Tomb

江村大墓外藏坑出土铜印
Bronze Seals Unearthed from Outer Storage Pits
of the Jiangcun Grand Tomb

江村大墓外藏坑出土石编磬
Chime Stones Unearthed from Outer Storage
Pit of the Jiangcun Grand Tomb

南陵外藏坑出土金器
Gold Artifacts Unearthed from Outer
Storage Pit of the Nan Mausoleum

南陵外藏坑出土银器
Silver Artifacts Unearthed from Outer
Storage Pit of the Nan Mausoleum

南陵外藏坑出土原大车马器等
Full-size Chariot and Horse Fittings
Unearthed from Outer Storage Pit of the
Nan Mausoleum

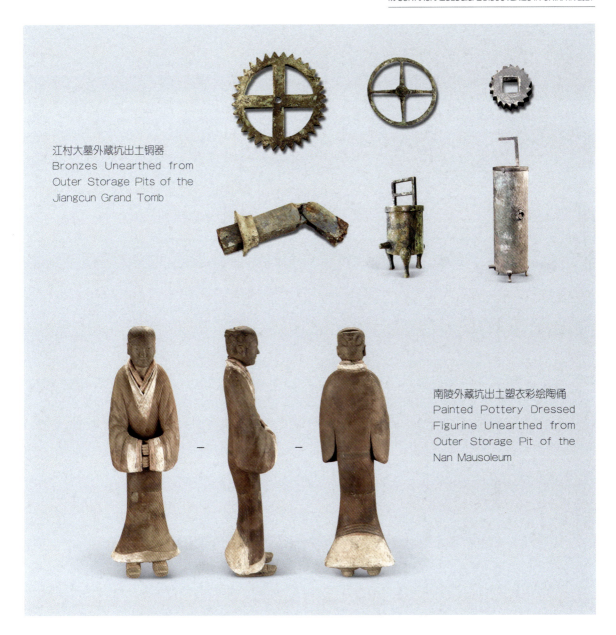

江村大墓外藏坑出土铜器
Bronzes Unearthed from
Outer Storage Pits of the
Jiangcun Grand Tomb

南陵外藏坑出土塑衣彩绘陶俑
Painted Pottery Dressed
Figurine Unearthed from
Outer Storage Pit of the
Nan Mausoleum

From the 1960s, archaeologists conducted several archaeological explorations in the Ba Mausoleum of Emperor Wen of Han and the Nan Mausoleum of Empress Dowager Bo, confirming the specific location of the Ba Mausoleum as well as the remains distribution and layout of both mausoleums. Based on the exploration, the mausoleum of Empress Dou is situated over 2,000 m south of "Phoenix Mouth (Fenghuangzui)", which was previously recorded as the location of the Ba Mausoleum; it is in the shape of the character "亞" and enclosed by a few outer storage pits and rammed-earth walls. On its west found another "亞"-shaped large tomb (Jiangcun Grand Tomb), surrounded by over 110 outer storage pits, and within a graveyard bordered by stone perimeter enclosure and stone gate towers (*que*). In addition, a larger area of the wall remains of the outer graveyard was found on the periphery of two mausoleums. From 2017, archaeologists excavated 17 pottery kilns, 8 outer storage pits, and 4 accompanying tombs near the Jiangcun Grand Tomb and unearthed over 3,000 artifacts. According to the location, structure, outer storage pit, graveyard, etc., it can be determined that the Jiangcun Grand Tomb is the Ba Mausoleum of Emperor Wen of Han.

143

陕西泾阳

大堡子西汉墓地

DABUZI WESTERN HAN CEMETERY IN JINGYANG, SHAANXI

大堡子墓地位于陕西省泾阳县大堡子村（现属秦汉新城）西，地处泾河南岸台塬（咸阳塬东北部），黄土堆积丰厚，地势平整开阔，南距长陵邑约3公里。20世纪50年代调查记录显示，大堡子墓地地表曾有高大封土，今已不存。2017年发掘表明，该墓地存在较多西汉墓葬。

2020～2021年，为配合基本建设，陕西省考古研究院以明确墓地布局为宏观目标，统筹开展系统发掘。具体发掘过程中以现有道路（高太路、沣泾大道）为分隔，将拟建区域分为南、北两个发掘区，全面揭露、全方位清理，最大限度地提取文物信息、保护文化遗产。清理墓葬共1500余座，出土器物丰富，包含陶、铜、玉、铁

彩绘陶缸内粮食遗存
Grain Remains in the Painted Pottery Vat

等各类遗物8000余件（组），取得了一系列重要收获。目前已基本解决了墓地年代、内涵、范围及布局等问题。

大堡子墓地墓葬形制多见竖穴墓道洞室墓，存在一定数量的竖穴土圹墓、斜坡墓道洞室墓以及带斜坡墓道或竖穴墓道的砖室墓。墓地规划有序，存在较多以方形围沟为区划的"墓葬群"，其可能代表了不同的家庭单元。墓向多样，葬具为木棺。随葬陶器组合规律明显，常见鼎、盒、壶、钫等仿铜陶礼器及缶、灶、罐或罐、灶、仓、奁等生活类器物，显示出明确的时代特征。墓葬等级差异明显，小型墓仅随葬少量陶器、铜镜、铜钱；大型墓多见彩绘陶器（仿铜陶礼器）、铜容器、玉器等高等级器物。

从空间角度审视，墓地自北向南，墓葬形制以竖穴墓道洞室墓为主，北部区域有一些竖穴土圹墓，向南斜坡墓道洞室墓和带斜坡墓道或竖穴墓道的砖室墓增多，但基本不见穹隆顶砖室墓；南部封门以土坯封门为主，其次为条砖封门，木封门极少。墓地总体以单人葬为主，但合葬墓数量在南部有明显增加。随葬器物组合方面，北部常见仿铜陶礼器和缶、灶、罐等生活类器物，向南该组合逐渐居于次要地位甚至消失，取而代以罐、灶、仓、奁等生活类器物为主，但值得注意的是，案、盘、耳杯等祭奠类陶器没有大量出现，同时从制陶工艺而言，彩绘陶渐渐消失，釉陶器

出现并增多；铜钱在北部区域常见半两钱，南部则多见五铢钱及少量新莽钱。

综上所述，大堡子墓地是一处"单纯"的西汉墓地，并且墓地北部区域多为西汉早期墓葬，布局具有自北向南时代越来越晚的明显特征；同时，在发掘区域的南、北、东端墓葬分布稀少，从而明确了大堡子墓地的大致边界。

就单个墓葬发掘而言，大型墓葬如南Ⅰ区M39，为一座带较短竖穴墓道的大型土圹墓，南北向。墓道位于墓室南端，平面呈长方形，长约7、宽近3、深逾12米。墓室口大底小，收分较甚，墓室口长约10、宽超9米，东、西、北三壁皆有"之"字形台阶通向椁室。木质葬具，因破坏严重，现仅能辨认一椁一棺，椁室顶部覆盖大量木炭。虽遭盗掘，但仍出土彩绘陶器、铜器、玉器、铁器等器物。该墓为大堡子墓地规模最大的一座，类似"之"形台阶还见于此类西汉早中期高等级墓葬，加之墓葬形制、随葬器物等因素综合判断，

南Ⅰ区M39应为一座西汉早期级别较高的墓葬。

保存最完整的墓葬如北Ⅱ区M68，为一座竖穴墓道并带有3个壁龛的洞室墓，南北向。墓道位于墓室南端，长近4、宽3米。墓室长约5、宽近2.5米，内置一棺，棺内葬一人，仰身直肢，头向南。墓室内随葬玉印、玉璧、铜镜、铜鼎、铜壶、铜钱（半两）、铁剑、彩绘陶俑等。在墓道的东、西、南壁上分别见有1个壁龛。其中，东壁龛主要放置彩绘陶灶、鼎、壶等；西壁龛清理出彩绘陶缸、仓及铜蒜头壶等，部分陶缸内出土保存完好的粮食遗存，粒粒分明，经过植物考古鉴定，分别为稻、黍、粟等植物遗存；最为特别的是，在南壁龛出土百余件彩绘陶俑和陶乐器，原位保存，甚为壮观，基本完整地再现了汉代乐舞场景。该墓保存完好，共出土器物300余件（组），为整个大堡子墓地出土随葬器物数量最多、种类最丰富、组合最完整的一座墓葬。根据墓葬形制、规模及出土器物初步判断，该墓应为具有一定级

南Ⅰ区M39
Tomb M39 in South Ⅰ District

北Ⅱ区M68 南壁龛
South Niche of Tomb M68 in North Ⅱ District

北Ⅱ区M68 南壁龛局部
Part of the South Niche of Tomb M68 in North Ⅱ District

145

别的西汉早期墓葬。

值得关注的是，大堡子墓地集中出土了大批彩绘陶器、铜镜、印章等精美器物。其中，彩绘陶器以鼎、盒、壶、钫为主要器形，纹饰保存较好、色彩绚丽、线条流畅、构图繁复，极具灵动和神秘之感，反映出 2000 余年前西汉先民的艺术构思和精神追求。铜镜共出土 300 余件，大小不一、种类多样、纹饰精美，常见蟠螭纹镜、草叶纹镜、星云纹镜、龙纹镜及铭文镜，基本涵盖了西汉时期的典型镜样。由于不同时期铸镜工艺的差异，这些铜镜尺寸相差较大，直径最小者仅 7 厘米，最大者可达 26 厘米，其中一件"家常贵富"镜，厚约 0.5 厘米，为大堡子铜镜之最。印章 30 余枚，以铜印为主，保存较好，文字清晰，多为私印，为研究汉代印章、印文及墓主信息提供了丰富资料。

大堡子墓地发掘工作缘起于基本建设考古项目，在田野实践中强调遗址本体的探讨和研究，将墓葬材料系统梳理，尽可能发挥考古发现和发掘资料整体化优势，统筹布局、综合分析。目前考古工作表明，大堡子墓地墓葬分布密集、年代集中、区划明确、等级分明、内涵丰富，基本再现了长陵邑周边西汉中小型墓葬的演变历程。本次大规模发掘工作，为研究西汉帝陵周边的墓葬制度、家族关系以及人文地理格局提供了丰富而宝贵的考古资料。

（供稿：邵晶　朱瑛培　陈少兰　裴学松）

彩绘陶仓
Painted Pottery
Granary

彩绘陶盒
Painted Pottery
Box

彩绘陶壶
Painted Pottery
Pot

陶翼兽
Pottery Winged
Beast

陶凤鸟龟座
Pottery Stand Shaped
in Phoenix and Turtle

陶立俑
Pottery Standing
Figurine

陶舞俑
Pottery Dancing
Figurine

陶跽坐俑
Pottery Kneeling
Figurine

铜蟠螭纹镜
Bronze Mirror with *Panchi-intertwining* Dragons Design

铜草叶纹镜
Bronze Mirror with Grass Leaf Pattern

铜星云纹镜
Bronze Mirror with Star and Cloud Pattern

铜"家常贵富"镜
Bronze Mirror with Characters "Jia Chang Gui Fu"

铜曲颈蒜头壶
Bronze Garlic-head Pot with Bent Neck

铜弩机
Bronze Crossbow

玉剑璏
Jade *Zhi*-scabbard Slide

鎏金(银)铜饰件
Gilt (Silver-gilt) Bronze Ornaments

鎏金铜铺首
Gilt Bronze Knockers

玉印
Jade Seal

The Dabuzi Cemetery is located west of Dabuzi Village in Jingyang County (present-day Qinhan New City) of Shaanxi Province, at the tableland (northeast of the Xianyang Tableland) on the south bank of the Jing River, and about 3 km north of the Town of Chang Mausoleum. From 2020 to 2021, to cooperate with the capital construction, the Shaanxi Provincial Institute of Archaeology systematically excavated the cemetery, uncovered nearly 1,500 tombs to date primarily structured in vertical shaft caves, and confirmed the south, north, and east boundaries of the cemetery. Moreover, over 8,000 pieces (sets) of various artifacts, such as pottery, bronze, jade, and iron, were unearthed. Dabuzi is a "purely" Western Han cemetery with densely distributed and well-arranged tombs belonging to different classes within a concentrated period, probably the cemetery for residents of the Town of Chang Mausoleum. The excavation offers critical information for studying the funeral system, family relationship, and pattern in human geography in surrounding areas of royal mausoleums of the Western Han Dynasty.

山西大同
七里村北魏墓（M29）

NORTHERN WEI TOMB M29 IN QILI VILLAGE, DATONG, SHANXI

七里村北魏墓群位于山西省大同市南郊七里村西北处，东邻永泰南路，北接开源街，地处御河与十里河的交汇处，地势开阔平坦，此处亦是北魏平城时期重要的墓葬区。2020年8～12月，为配合基本建设，大同市考古研究所对该墓群进行了抢救性发掘，共清理北魏墓葬86座。墓葬分布密集、排列有序，形制分为竖穴土坑墓、竖穴墓道土洞墓、长斜坡墓道土洞墓和长斜坡墓道砖室墓，其中长斜坡墓道土洞墓根据墓室形状又可分为窄室墓、偏室墓和方室墓。出土各类器物共300余件，以陶罐、陶壶为主，还有釉陶壶、石灯、铜饰件、漆器等。

七里村墓群M29是该墓群中唯一一座长斜坡墓道砖室墓，保存完好，未被盗扰，除墓室壁画大部分自然脱落外，随葬器物基本保持了下葬时的位置。更为重要的是，墓室内保存有一具完整的漆木棺，这是大同北魏考古中极为罕见的重要发现，且棺内随葬的漆器、丝织品等保存较好，对于研究北魏平城时期的经济生活、丧葬习俗等具有重要的学术价值。

M29位于七里村北魏墓群北部偏东，坐北朝南，方向172°。由墓道、封门、甬道、墓室四部分组成，南北总长22.33米，墓底距地表9米。墓道位于甬道南侧，开口于表土层下，斜坡

M29 全景
Full View of Tomb M29

状，坡度25°，残长18.56、上口宽1.08、深9米。墓道内填五花土，土质疏松，未经夯打。封门位于墓门南侧，宽1.68、高2.1米。平面略向外弧呈扇形，自下而上平砌丁砖31层，上部平砌顺砖4层，砌筑不甚规整。墓门外侧在起券处以上抹白灰并绘有壁画。中间以黑彩绘制忍冬纹图案，枝干处施红色圆点，忍冬叶以红、蓝色相间晕染，两侧为莲花、莲蕾装饰。

甬道平面呈长方形，长1.8、宽1、高1.94米。两侧壁以"两顺一丁"法砌筑6组，其上起券，形成拱形顶，砖缝用碎砖片填塞，铺地砖为"两横两纵"平铺，与墓室铺地砖连为一体。甬道两侧壁均绘有壁画，但未满绘，仅在自墓室向南1.5米的区域内绘制。壁画大部分已脱落，从脱落痕迹可以看出壁画制作流程，即先在青砖上薄抹一层黄泥，其上抹白灰，然后以红、黑颜料绘制壁画。经初步拼对，可知甬道两壁均为镇墓武士形象。画面上部绘黑色界框，内饰白色忍冬纹，其余三面用红色界框，镇墓武士形象高大，呈胡跪状，头戴缨盔，深目高鼻，面目狰狞，身穿对襟短甲，下着束腿裤，脚蹬皂靴，一手持兽面盾，另一手持环首刀，周围点缀莲蕾图案，武士下方绘黑色人面镇墓兽和黑花犬。

墓室位于甬道北侧，砌筑于方形土圹内，土圹南北长3.77、东西宽3.67米。墓室平面呈弧边方形，南北长3.12、东西宽3.02、高2.8米。四壁采用"两顺一丁"砌筑6组后，再叠涩内收聚成四角攒尖顶，铺地砖以"两横两纵"铺墁。墓室四壁在起券以下及墓顶均绘有壁画，北壁和墓顶壁画保存较好，东壁、西壁壁画有部分残留。北壁为墓主夫妇并坐宴饮图；西壁为牛车出行、伎乐杂技、饲养家猪、庖厨劳作图；东壁是山水林木及奔走的动物，应为狩猎图；墓顶绘有一朵硕大鲜艳的莲花图案。

M29 封门
Sealed Gate of Tomb M29

M29 墓室
Tomb Chamber of Tomb M29

完整的漆木棺置于墓室西部偏北,头向南,整体为前宽后窄、前高后低的梯形,盖板呈圭形,通长 2.25、宽 0.53～0.95、高 0.92～1.36 米。棺通体髹黑漆,盖板和棺口部装饰朱色条带,棺两侧板各装设铜铺首衔环 2 枚,靠近前挡板处装饰铜泡钉 6 枚,靠近后挡板处装饰铜泡钉 4 枚,前后挡板各装设铜铺首衔环 1 枚。木棺底部底座装设有滚轴方便移动。棺盖顶部放置有铭旌及葬杆。

完整的漆木棺搬迁到博物馆进行实验室考古清理。棺内全部髹红漆,棺盖板与两侧板和前后挡板有榫卯连接固定。棺前挡板内侧中部装饰方形、圆形铜饰各 1 枚,左、右各用铜钉装饰出北斗七星、三星连线和六星图案。木棺底部置托架,其上置放人骨 1 具。人骨整体用丝织品包裹,头戴黑色风帽,开棺前进行的 X 射线探伤拍摄显示,死者头部有银簪 1 件,下颌处有下颌托 1 件,颈部及胸前有串饰,目前遗骸和包裹的丝织品已整体打包,送至中国丝绸博物馆修复保护。丝织品糟朽严重,局部可见繁复的圆点、"山"字形等图案。托板之下放置有陶罐、陶壶、漆盘、漆碗、漆耳杯等随葬器物,另有黍、榛子、无花果、枣等植物遗存平铺于棺底。

M29 墓室北壁壁画
Murals on the North Wall of Tomb M29 Chamber

M29 甬道东壁壁画
Mural on the East Wall of Tomb M29 Corridor

M29 甬道西壁壁画
Mural on the West Wall of Tomb M29 Corridor

M29 墓室西壁壁画（南部）
Murals on the West Wall of Tomb M29
Chamber (South Part)

M29 墓室西壁壁画（北部）
Murals on the West Wall of Tomb M29
Chamber (North Part)

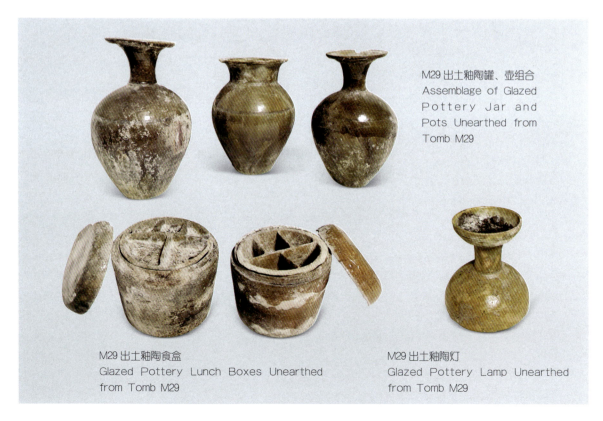

M29 出土釉陶罐、壶组合
Assemblage of Glazed
Pottery Jar and
Pots Unearthed from
Tomb M29

M29 出土釉陶食盒
Glazed Pottery Lunch Boxes Unearthed
from Tomb M29

M29 出土釉陶灯
Glazed Pottery Lamp Unearthed
from Tomb M29

M29 漆木棺侧板
Side Panel of the Lacquered Wood Coffin in Tomb M29

M29 漆木棺内遗存分布情况
Distribution of Remains in the Tomb M29 Lacquered Wood Coffin

M29 漆木棺前挡板
Front Panel of the Lacquered Wood Coffin in Tomb M29

M29 漆木棺后挡板
Rear Panel of the Lacquered Wood Coffin in Tomb M29

　　随葬器物主要分布于墓室南部和棺内，根据质地可分为陶、釉陶、银、铜、铁、漆、木等。墓室南部漆棺前有釉陶罐、壶、食盒各 2 件及釉陶灯 1 件，釉陶器上放置漆盘、榻各 1 件，漆盘内有漆耳杯 4 件、漆碗 3 件、漆碟 1 件、铜碗 1 件、铜勺 1 件、铜筷 1 副。墓室东南角出土铁灯 1 件。棺内在托板下放置陶罐 6 件、陶壶 1 件、漆盘 1 件、漆碗 1 件、漆耳杯 4 件、木器 1 件。

　　从墓葬形制看，七里村北魏墓群分布密集，排列有序，相互之间未见叠压打破关系，说明墓群经过统一规划，相邻的墓葬方向一致、形制相同，应属于家族墓地，对研究墓地族群及中古时期家族墓葬制度演变等问题具有重要意义。从出土器物看，除 M29 为长斜坡墓道砖室墓外，其余均为土洞墓，出土的随葬器物多为陶壶、陶罐和零星饰件，初步判断该墓群为一般的平民墓地。

　　七里村墓群 M29 较为特殊，未被盗扰。墓室四壁、顶部及甬道等处绘有精美壁画，墓内保存有完整的漆木棺，随葬的铭旌、釉陶器、漆器等放置于原始位置，棺内发现的丝织品、托板、漆器等保存较好，是近年来大同北魏时期重要的考古发现，为研究北魏平城时期的社会生活、文化风貌和丧葬习俗提供了珍贵的实物和图像资料。

（供稿：侯晓刚）

M29 漆木棺上的铭旌和葬杆
Funeral Banner and Poles on the Tomb M29 Lacquered Wood Coffin

M29 漆木棺外南侧随葬器物出土情况
Grave Goods on the South of the Tomb M29 Lacquered Wood Coffin in Situ

M29 漆木棺底板底部
Bottom of the Bottom Panel of the Lacquered Wood Coffin in Tomb M29

M29 漆木棺内丝织品图案
Patterned Silk Fabric in the Tomb M29 Lacquered Wood Coffin

The Qilicun Northern Wei Tomb Complex is located northwest of Qili Village in the southern suburb of Datong City, Shanxi Province. It was a significant burial area during the Pingcheng period of the Northern Wei Dynasty (398-494 CE). From August to December 2020, to cooperate with the capital construction, the Datong Municipal Institute of Archaeology carried out a rescue excavation and uncovered 86 Northern Wei tombs, among which M29 is the only brick chamber tomb with a long ramp passage. Facing south, M29 composed four parts of tomb passage, sealed gate, corridor, and an arc square tomb chamber, with murals painted on the corridor, four walls of the tomb chamber, and tomb ceiling. Since it has not been disturbed by robbery, grave goods are almost in their original states. More importantly, the complete-preserved lacquered wood coffin placed in the tomb chamber is an extremely rare and remarkable discovery in the Northern Wei archaeology in Datong City. The excavation of M29 provides valuable physical and visual materials for studying social life, cultural features, and funerary customs in the Northern Wei Pingcheng period.

陕西咸阳
洪渎原墓葬群

HONGDUYUAN TOMB COMPLEX IN XIANYANG, SHAANXI

2020 年 6 月至 2021 年 12 月，陕西省考古研究院在陕西省咸阳市渭城区底张街道和北杜街道发掘了战国、两汉、西晋、十六国、北朝、隋、唐、宋、金、明、清古墓葬 3800 余座，墓葬时代延续长达 2200 余年，发现自东汉永寿三年（157年）至明崇祯十六年（1643年）纪年墓 68 座。发掘地点位于汉、唐长安城北的"洪渎原"墓地，是该时期除陪葬帝陵外等级最高的墓地，埋葬的墓主多数系皇亲国戚、高官显贵，并见诸史籍；已发掘的中大型墓葬占比大，纪年墓数量多，出土器物丰富。此次发掘中，我们采取片区制发掘管理，通过预判发掘成果和精细化发掘方式，发现了北朝隋唐中高等级墓葬的围沟、封土、石刻等地面建筑及其布局方式和发展脉络，使考古发现和发掘资料尽可能发挥整体化优势，取得了良好的效果。在 18 个月的发掘中，共发现战国晚期王陵（王后陵）及其陪葬墓地 1 处、西汉早期墓地 1 处、东汉家族墓地 12 处、西晋家族墓地 3 处、十六国家族墓地 3 处、十六国至隋代公共墓地 1 处、北朝隋唐墓园 81 座及大量宋金明清平民墓葬，出土器物 16000 余件（组），取得了一系列重要成果。目前发掘工作仍在持续开展。

本次考古发掘的重大价值主要表现在以下两个方面。

其一，咸阳洪渎原墓葬群是延续时间长、墓葬数量多、普遍规格高的超大型历史时期墓地，墓主是秦咸阳城、汉至北朝长安城、隋唐长安城这些中国历史上最鼎盛朝代的都城的居民，而且是等级、身份较高的居民，上述突出特征在全国范围内的古代墓地中是独一无二的。

咸阳洪渎原在战国和西汉时期流行"集中公墓"，即居民在一处大型墓地内集中安葬。东汉、西晋、十六国时期，流行成排分布的家族墓地，即家族成员以家庭墓葬为单位有规律地集中葬于一处墓地内，不设围沟兆域，相互之间以地域空间作为分隔。西蒋十六国至隋代墓地密集分布有墓葬65座，虽然没有经过集中规划，但未见打破关系。

中国考古学发展的过程中，对北朝隋唐高等级墓葬制度最初的萌芽认识，就发生在洪渎原。此次发掘已发现北朝隋唐墓园81座，其中有纪年

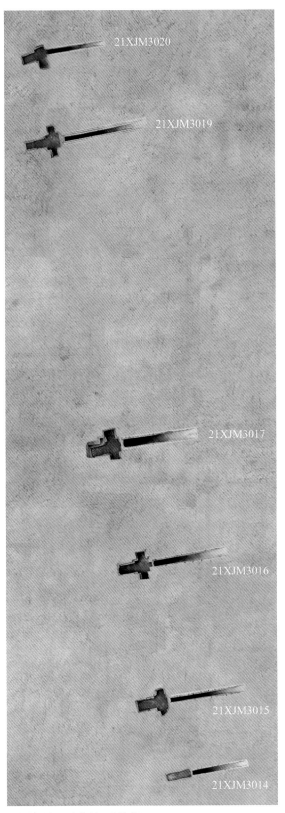

成任墓地东汉家族墓（上为北）
Eastern Han Family Tombs in Chengren Cemetery (Top is North)

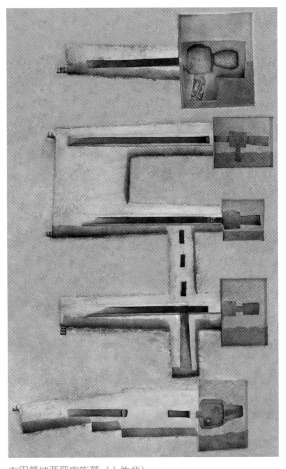

布里墓地西晋家族墓（上为北）
West Jin Family Tombs in Buli Cemetery (Top is North)

西蒋墓地十六国至隋代墓群（上为北）
Tomb Complex Dating from the Sixteen Kingdoms to Sui Dynasty in Xijiang Cemetery (Top is North)

的 26 座，显示出围沟兆域和家族墓园在北朝隋唐时期高等级墓葬中的重要地位。此次发掘掌握的北朝隋唐家族墓葬或家庭墓葬的格局分布形制资料，可以形成完整的中古时期家族墓园的发展序列和类型特征，为北朝隋唐墓葬制度的研究提供了全新的视角，对于推动该时期考古学和历史学的深入研究具有重要价值。这些以围沟兆域为特征的墓园规划整齐、互不影响，由单人墓葬、夫妇合葬或夫妇同茔并穴合葬发展为子祔父葬，直

至孙辈归葬祖茔，墓地使用时间甚至跨越历史朝代而延续数百年。这种丧葬礼制上的延续和变化，体现了古人在地下世界凝聚家族合力从而延续至现实世界的期许，是中古门阀观念的物化体现，同时也是奉亲尽孝、乡土思想、法律制度等一系列中国传统文化观念的延续。

一座墓园内有一座墓葬的居多，单墓围沟墓园从北朝晚期延续到中晚唐，是围沟兆域墓最常见的形式。北周和隋代的大多数墓主在《周书》《北

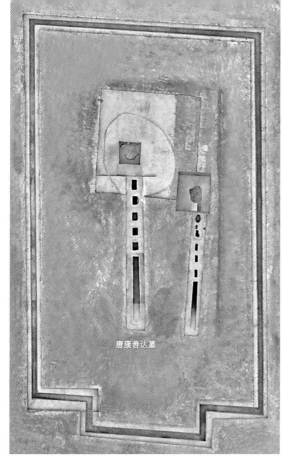

唐康善达墓园（上为北）
Graveyard of Kang Shanda (Tang Dynasty) (Top is North)

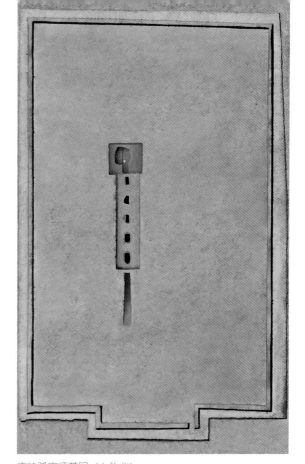

唐独孤客师墓园（上为北）
Graveyard of Dugu Keshi (Tang Dynasty) (Top is North)

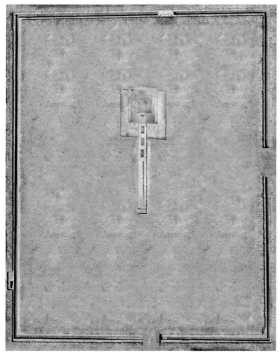

隋修北周梁臺墓园（上为北）
Graveyard of Liang Tai (Northern Zhou Dynasty), Renovated in the Sui Dynasty (Top is North)

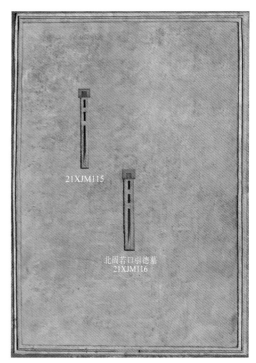

北周若口引德墓园（上为北）
Graveyard of Ruokouyin De (Northern Zhou Dynasty) (Top is North)

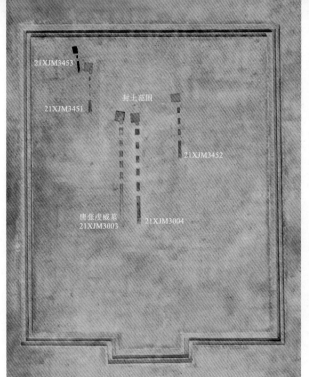

唐张虔威家族墓园（上为北）
Family Graveyard of Zhang Qianwei (Tang Dynasty) (Top is North)

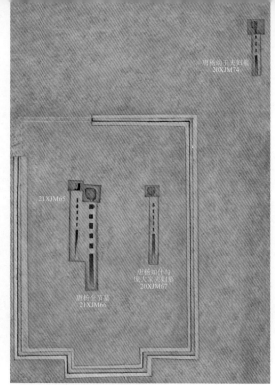

唐杨全节家族墓园（上为北）
Family Graveyard of Yang Quanjie (Tang Dynasty) (Top is North)

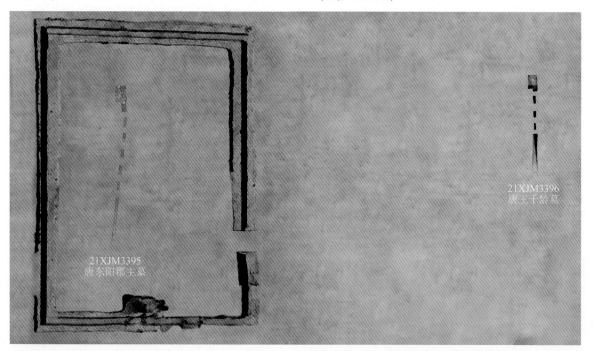

唐东阳郡主墓园与王千龄墓（上为北）
Graveyard of Princess of Commandery Dongyang and Tomb of Wang Qianling (Tang Dynasty) (Top is North)

史》中都有传记。如梁彦是北周敷州刺史、中部郡开国公，葬于隋开皇二年（582年），随葬北周器物，其墓志盖上罗列了诸子孙的名字和官职。唐独孤客师墓系5天井土洞墓，居于"凸"字形墓园中部略偏西。独孤客师的曾祖独孤信、祖父

独孤罗、祖母贺若突厥皆葬于洪渎原，墓葬均已发掘。这种归葬祖茔且数代人物墓葬皆已发掘的例子在洪渎原不胜枚举。

　　墓园内外有多座家族成员墓葬，且类型丰富，是此次发掘所获的全新发现。唐康善达墓是一座

西蒋墓地唐墓（M4002）出土陶胡
人乐俑
Pottery Figure of a Foreign
Musician Unearthed from the
Tang Tomb M4002 in Xijiang
Cemetery

西蒋墓地唐墓（M4002）出土
陶胡人乐俑
Pottery Figure of a
Foreign Musician Unearthed
from the Tang Tomb M4002
in Xijiang Cemetery

唐杨守规夫妇墓出土彩绘陶
仕女俑
Painted Pottery Figure
of a Court Lady
Unearthed from Tomb
of Yang Shougui and
His Wife (Tang Dynasty)

成任墓地东汉墓（M3015）
出土金铜佛像
Gilt Bronze Buddha
Statue Unearthed from
the Eastern Han Tomb
M3015 in Chengren
Cemetery

西蒋墓地十六国墓（M4064）出土釉陶马
Glazed Pottery Horse Unearthed from the
Sixteen Kingdoms Tomb M4064 in Xijiang
Cemetery

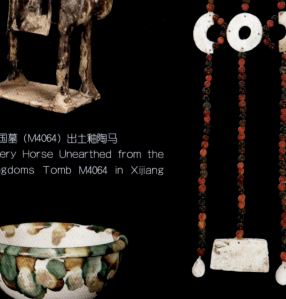

唐杨全节墓出土左内率铜鱼符
"Zuo Nei Shuai" Bronze Fish Tallies
Unearthed from Tomb of Yang
Quanjie (Tang Dynasty)

唐长孙八娘墓出土三彩碗
Tri-colored Pottery Bowl Unearthed
from Tomb of Zhangsun Baniang (Tang
Dynasty)

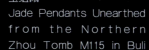

布里墓地北周墓（M115）出土
玉组佩
Jade Pendants Unearthed
from the Northern
Zhou Tomb M115 in Buli

岳家墓地唐墓（M7124）出土"官"字款白
瓷渣斗
White-glazed Porcelain *Zhadou-*
leys Jar Marked "Guan" Unearthed
from the Tang Tomb M7124 in Yuejia

带封土的 5 天井砖室壁画墓，位于"凸"字形围沟兆域正中。其东侧并列一座 5 天井单室土洞墓，推测为夫妇并穴合葬。唐康善达墓园与隋修北周梁臺墓园和隋元景超夫妇墓园相邻，呈"品"字形分布，说明后代修建墓园的人能够看到他人墓园的封土和兆域。康善达任咸阳监，很可能是原州粟特人。墓道壁画所绘的驯马、牵驼者皆为胡人形象，或许与墓主的族属和生前生活经历有关。

一座墓园内有两座以上墓葬的，为子孙祔父、祖葬。北周若口引德墓园南北长 153、东西宽 108 米，若口引德墓居中，系 2 天井单室土洞墓。其西北侧另有一座规模相近的墓葬，随葬玉组佩，墓主应为男性品官。按照家族墓园中晚辈向北侧安葬的规律推断，此墓墓主应系若口引德之子。若口引德原姓寇，在西魏、北周两朝"前后征战廿八阵"，任北周灵州刺史、博昌县侯。

唐张虔威家族墓园居中的是并列两座 5 天井土洞墓，共用一座封土。张虔威墓居西侧，葬于武德九年（626 年），随葬器物均为隋代风格。从墓志文叙述来看，张虔威是唐高祖李渊和太子李建成的亲信。墓园内的另 3 座偏北分布的墓葬年代为盛唐时期，墓主应系张虔威子孙辈人物。

杨全节是武则天的外表兄，任太子左内率。杨氏家族从北周傥城公杨绍起就葬于洪渎原，隋唐以后子孙祔葬，各自规划墓园，形成了庞大的

梁臺墓志盖
Cover of Liang Tai's Epitaph

洪渎原杨氏家族墓地，延续数百年。杨全节墓园在最初是以杨全节墓为中心形成的夫妇并穴合葬墓园，南北长 104.5、东西宽 80.5 米，面积约合唐代方 62 步，恰好对应唐开元以前四品官员的墓田面积规定；65 年之后，其幼子杨知什夫妇同穴合葬于墓园内东侧；因墓园内空间有限，90 年之后，其孙杨幼玉夫妇合葬于墓园外东北 35 米处；119 年之后，其曾孙杨懔夫妇合葬于墓园外东北 200 米处。出土的系列墓志皆言归葬先人旧茔，且世代赠官，显示了杨氏家族数百年持续维护家族凝聚力和政治地位的努力。

还有一种非常罕见的特例——唐东阳郡主墓与其夫王千龄墓分别位于墓园内外。东阳郡主是唐玄宗废太子李瑛之女，其墓园规模低于她从一品命妇的身份，且墓葬位置明显偏西，预留的空位很大概率是留给王千龄的。王千龄的葬礼系后妻杨氏所安排，她可能不希望王千龄与东阳郡主合葬，所以将其墓安置在郡主墓园外以东约 60 米。这处墓园生动地反映了唐代妇女的个人命运和家庭地位意识。

其二，此次考古发掘，出土了以东汉晚期金铜佛像为代表的一系列具有极高研究价值的器物。

洪渎原墓葬群成任墓地东汉晚期家族墓出土金铜佛像 2 尊，是目前我国科学发掘出土的时代最早的金铜佛像，将具有独立崇拜意义的佛像出现的历史提前了近 200 年，对于佛教文化的传入及中国化具有重要的研究价值。在西蒋墓地的一座高等级北魏墓中，于墓道北壁发现了罕见的土雕神像，对该时期丧葬习俗、思想观念的研究意义重大。唐杨全节墓出土的左内率铜鱼符，是其本人当年出入皇宫的门禁凭证，十分罕见。采集的 1300 余具墓葬人骨，可开展体质人类学、古病理学、古 DNA 等多学科研究。

由于地处京畿，洪渎原墓葬群墓主身份普遍较高，代表性强，是研究中古时期墓葬制度的极佳标本，对于构建中国古代墓葬的考古学体系框架具有重大意义。另外，此次发掘所获的丰富资料，加之 70 年以来对洪渎原墓葬考古资料的综合研究成果，其蕴含的巨大信息量足以续写半部中国史，结合传世文献记载，对进一步阐发文物的历史价值、文化价值、审美价值、科技价值和时代价值起到了极大的推动作用。

（供稿：李明　田有前　段毅　赵占锐　赵汗青）

唐康善达墓第四天井西壁壁画
Mural on the West Wall of the Fourth Ventilation Shaft in Kang Shanda's Tomb (Tang Dynasty)

西蒋墓地北魏墓（M4070）墓道北壁土雕神像
Earthen Carving God Statue on the North Wall of the Tomb Passage of the Northern Wei Tomb M4070 in Xijiang Cemetery

唐康善达墓墓道西壁壁画胡人驯马图
"Horse Training by a Foreign" Mural on the West Wall of the Tomb Passage of Kang Shanda's Tomb (Tang Dynasty)

The Hongduyuan Tomb Complex is located northeast of Weicheng District in Xianyang City, Shaanxi Province. Excepting the accompanying tombs of royal mausoleums, it is the top-ranking cemetery throughout the Northern Dynasties to Sui and Tang Dynasties. From 2020 to 2021, the Shaanxi Provincial Institute of Archaeology excavated over 3,800 ancient tombs spanning the time from the Warring States Period to Ming and Qing Dynasties at the cemetery, including the Qin cemetery of the Warring States Period, the early Western Han cemetery, family cemeteries of the Eastern Han, Western Jin, and Sixteen Kingdoms distributed in rows, the cemetery in use for more than 200 years from the Sixteen Kingdoms to Northern Dynasties, family graveyards or large tombs with surrounding trenches and earthen mounds belonging to the Northern Dynasties and Sui and Tang Dynasties, as well as civilian tombs dated to the Song, Jin, Ming, and Qing Dynasties; moreover, unearthed over 16,000 pieces (sets) of artifacts. The excavation established an over 2,200 years complete sequence of the ancient Chinese tombs ranging from the late Warring States Period to Ming and Qing Dynasties and identified the full developmental trajectory of family graveyards from the Northern Dynasties to Sui and Tang Dynasties. The discoveries of gilt Buddha statues of the late Eastern Han Dynasty and earthen carving god statues on the north wall of the tomb passage of the Northern Wei tomb were unprecedented, refreshing the understanding of archaeological remains of the corresponding period.

云南大理
太和城遗址 2020 年发掘收获

EXCAVATION RESULTS OF THE TAIHE CITY SITE IN DALI, YUNNAN IN 2020

太和城位于云南西部大理市太和街道太和村，是唐代地方政权南诏统一洱海区域后建立的第一座都城。城址西倚苍山、东临洱海，地处苍山东麓马耳峰与鹤顶峰间葶蓂溪的冲积扇缓坡上，城内面积 3.5 平方公里。城址整体呈钟口向东的甬钟形，自西向东依次由卫城、上城、下城三部分构成。卫城即金刚城，地处鹤顶峰余脉核桃山山顶，是太和城制高点。金刚城的东门、南门均设有瓮城，城内层层叠叠筑有多道城墙，军事防御特征显著。太和城南、北城墙由金刚城蜿蜒而下，向东延伸至洱海边，南城墙长 3350、北城墙长 3220 米。东隔墙南北长 1670 米，从北城墙中部向南延伸，连接南城墙中部，将太和城划分为东、西两部分，西侧为上城，东侧为下城。草帽街南北干道沿等高线呈圆弧状南北贯穿上城，颂扬阁罗凤功绩的德化碑即矗立于南北干道旁。

太和城内城坐落于葶蓂溪南侧、德化碑西南的缓坡上，整体依地势坐西朝东，东西长 210、南北宽 150 米，西北角因避让葶蓂溪而略有缺角，东部中间位置发现有门道。内城西部为一南北长 110、东西宽 50 米的夯土台基，台基东侧高出地表近 4 米，以石墙包砌台基呈三级台阶状。

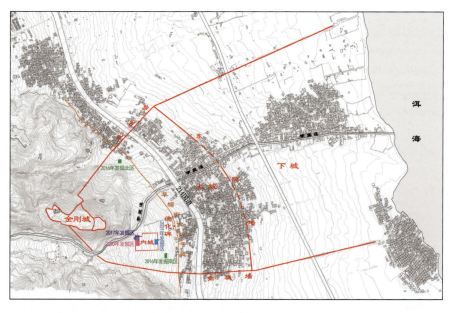

发掘区位置图
Location of the Excavation Area

162

2017 年，云南省文物考古研究所对夯土台基西北部进行了发掘，发掘面积 1000 平方米，揭露了内城西城墙、北城墙，并发现有部分建筑台基、石墙、排水沟等遗迹。内城城墙以红褐色黏土夯筑，宽 3 ~ 6 米，城墙夯层、夯面、夯窝明显，夯层厚 0.03 ~ 0.05 米，夯窝直径 0.06 米，北城墙外侧以石块包砌。北城墙内侧的五号石墙（Q5）宽 1.5 米，应是在北城墙损毁后修筑的替代防御墙。Q5 南侧并行分布有一台基，台基以石块围砌而成，中间填充沙石，底部以板瓦相互搭接为排水沟，排水设计科学合理，符合当地夏季雨水充沛的实际情况。台基上部保存较差，无建筑遗迹发现。

2020 年发掘区由 2017 年发掘区继续向南扩展，对夯土台基中部进行发掘，发掘面积 1000 平方米，共清理建筑基址 2 座、排水沟 2 条、石墙 4 道、护墙 3 道、水池 1 个、坑 1 个，出土瓦当、滴水、有字瓦、陶器及釉陶器等标本器物 750 余件。

发掘区的地层堆积总体可分为 10 层：第①~⑥层为明代以来耕土层，疏松的灰褐色粉砂土与致密的黄褐色粉砂土交替分布，致密的黄褐色粉砂土应与水稻种植有关；第⑦层为红褐色粉砂土与黄褐色粉砂土相夹杂的硬壳层，厚 0.02 ~ 0.05 米，南诏时期遗迹多开口于此层下；第⑧~⑩层为南诏时期生活废弃堆积及建筑倒塌堆积；第⑩层下为南诏建筑基址叠压的黑褐色粉砂土，其内包含有红衣陶片，为青铜时代文化遗存。

2020 年发掘的三号建筑基址地处内城西部夯土台基正中位置，依地势坐西朝东，自北向南依次由北廊、正殿、南廊三部分组成，总面阔 45.5、进深 14.8 米。北廊平面呈曲尺形，东西向突出部分长 8.1、宽 5.8 米，南北向拐折部分长 15.8、宽 7.7 米。廊道以石块垒砌成基础，廊基范围内再砌墙，但廊道内侧不见墙体。北廊东部台基保存较好，残高 0.7 米，外侧墙宽 0.5 米。廊道内侧分布有以卵石、平整石块建造而成的磉

内城西城墙北段剖面
Profile of the Northern Part of the West Wall of Inner City

内城西城墙夯面及夯窝
Rammed Surface and Ramming Marks on the West Wall of Inner City

石墙 Q5
Stone Wall Q5

2020 年发掘区遗迹分布（上为西）
Distribution of Remains in the Excavation Area in 2020 (Top is West)

三号建筑基址北廊
North Cloister of Building Foundation No.3

三号建筑基址北廊角楼
Corner Tower of the North Cloister of Building Foundation No.3

墩及柱础，礓墩间距 2 米、3.5 米和 3.9 米不等。廊道内侧有石砌排水沟，排水沟以扁平的石块围护沟侧内壁。北廊道拐角处有凸出的角楼，南北长 4.1、东西宽 2.2 米。角楼北侧未封闭，以三块条石并排搭建于排水沟之上形成通道。北廊北侧分布有排水沟（G5），长 17.8、宽 0.45、深 0.35 米，与北廊内侧排水沟一样，采用扁平的石块围护沟侧内壁。G5 底部为细沙堆积，沟内包含有较多的瓦片及釉陶残片，应为建筑倒塌堆积及生活废弃堆积，出土有"廿七年"有字瓦及璧形足釉陶碗等器物。北廊西侧有一水池，长 1.5、宽 1.2、深 0.8 米，池内堆积为青灰色细沙土，水池底部出土有部分灰陶罐。

三号建筑的南廊保存较差，仅残存部分石墙，但从残存的石墙可见南廊与北廊呈对称分布。南廊拐角处亦有角楼，角楼以石块垒砌出范围，长 4.5、宽 2.2 米。角楼内有一坑（K1），长 1.15、宽 0.77、深 1 米，坑壁垒石，填土为灰黑色粉砂土夹杂炭屑，坑内发现釉陶行炉 1 件。南廊北部发现一条东西向排水沟（G10），沟宽 0.4、深 0.3 米，南廊西墙基压于沟上，此沟或以暗沟形式穿过南廊。石墙 Q10 压于南廊之上，为三号建筑废弃后的晚期遗迹。

三号建筑南廊与北廊之间为正殿。正殿保存较差，台基范围已不存，仅残留有部分礓墩。礓墩直径约 1 米，大多以石块紧密填充，部分礤墩在石层之上还铺垫有平整石块。个别礤墩无石块填充，仅填垫有黄色黏土。礤墩间距多为3.9米。根据南廊与北廊的间距以及礤墩分布位置判断，正殿平面应呈方形，面阔14.8、进深14.8米。

三号建筑基址北侧并排分布有一台基，东侧边缘与北廊齐平，北侧台基上暂未发现建筑。三号建筑基址南侧约2.5米分布有四号建筑基址。四号建筑基址与三号建筑基址并排齐平，平面近方形，面阔15.4、进深15.6米，西侧有回廊，廊宽3.5米。四号建筑基址墙宽0.45～0.55米，局部台基残高0.6米。此基址上发现有较多瓦片，应为建筑倒塌堆积，出土有"十官左□莫""官菖奴罗"等字瓦。

三号建筑倒塌堆积内包含有瓦片、砖块等建筑构件，部分青砖上阴刻"官"字，保存完整的板瓦长40、大头宽23.5、小头宽20、厚1.5厘米。发现有字瓦数量较多，有"廿七年""八官王""罗己""瓦李政造""瓦铎君""囚徒"等字样。

出土少量莲花纹瓦当、云纹滴水、箕形砚、璧形足釉陶碗、带流罐等器物，从发现的绿釉滴水、鎏金铜饰可见三号建筑等级较高。

根据出土器物判断，三号建筑、四号建筑及周边遗迹年代为南诏时期。三号建筑北廊北侧排水沟内发现的有字瓦上所记"廿七年"应为唐开元二十七年（739年），与《旧唐书》"（开元）二十七年，徙居大和城"的文献记载相吻合，因此三号建筑的始建年代应为南诏早期。

总体来说，三号建筑北侧台基、三号建筑、四号建筑并排分布于内城西部夯土台基之上，排列整齐且三号建筑居中，这些建筑都是按照统一布局规划建造的。就三号建筑单体来说，建筑南北两侧设有对称分布的曲尺形廊道，坐落于内城中比较重要的位置上，应是一处等级较高的建筑。此次发掘初步揭示了南诏早期建筑的面貌特征，基本厘清了太和城内城西部夯土台基上的建筑布局，为探索内城的功能性质积累了重要材料。

（供稿：朱忠华　周毅恒　王艺乾　周建威）

莲花纹瓦当
Tile-end with Lotus Pattern

釉陶云纹滴水
Glazed Pottery Drop Tile with Cloud Pattern

"廿七年"有字瓦
Inscribed Tile with Characters "Nian Qi Nian" (Twenty-seven Year)

"官菖奴罗"有字瓦
Inscribed Tile with Characters "Guan Chang Nu Luo"

"瓦李政造"有字瓦
Inscribed Tile with Characters "Wa Li Zheng Zao"

釉陶行炉
Glazed Pottery Portable Incense Burner

三号建筑基址北廊西侧水池
Pool on the West of the North Cloister of Building Foundation No.3

三号建筑基址南廊角楼内K1
Pit K1 in the Corner Tower of the South Cloister of Building Foundation No.3

三号建筑基址正殿磉墩
Plinth Foundation in the Main Hall of Building Foundation No.3

三号建筑基址正殿柱础
Post Foundation in the Main Hall of Building Foundation No.3

三号建筑基址北侧台基（西北—东南）
Foundation on the North of Building Foundation No.3 (NW–SE)

四号建筑基址北墙
North Wall of Building Foundation No.4

Taihe City is located in Taihe Village of Taihe Street in Dali City, western Yunnan Province. It was the first capital established by Nanzhao – a regional government during the Tang Dynasty – after unifying the Erhai area. In 2020, the Yunnan Provincial Institute of Cultural Relics and Archaeology continued excavating the central part of the rammed-earth foundation in the west of the inner city of Taihe. In the 1,000 sq m excavation area, archaeologists uncovered two building foundations, two drainage ditches, four stone walls, three retaining walls, one pool, one pit, along with over 750 artifacts such as tile-ends, drip tiles, inscribed tiles, potteries and glazed potteries. Among them, the No.3 building foundation, lying in a relatively significant position inside the inner city, was probably a high-ranking building; on its north and south sides found symmetrically built L-shaped cloisters. The excavation preliminarily revealed the architectural features during the early Nanzhao and nearly confirmed the layout of buildings on the rammed-earth foundation in the west of the inner city of Taihe, providing important materials for investigating the function and nature of the inner city.

西藏拉萨
当雄墓地

DAMXUNG CEMETERY IN LHASA, TIBET

当雄墓地位于西藏自治区拉萨市当雄县当曲卡镇，东南距当雄县政府驻地约2公里，地处念青唐古拉山脉果瓦那布山东侧平缓坡地上，海拔约4300米。该墓地发现于第三次全国文物普查，现为当雄县文物保护单位。墓地可分为南北两区，南区分布大型封土墓6座，北区分布小型封土墓47座。

为配合基本建设，经国家文物局批准，西藏文物保护研究所联合浙江省文物考古研究所于2020年和2021年对当雄墓地进行了两个年度的抢救性考古发掘工作。2020年6~10月，重点清理了墓地南区大型封土墓5座；2021年7~10月，

清理了31座封土墓，包括南区大型封土墓1座和北区小型封土墓30座。

通过探方发掘法和解剖法，结合周边大地层情况，可将墓地地层分为3层。第①层为表土层，第②、③层及以下为生土层，无人类活动迹象。封土墓葬均开口于第①层下，打破生土层。初步推断营建方式为根据当时地面地势进行削平或垫土等平整工作后，在中央位置挖出墓圹营建墓室，再对墓室进行填土，而后留出墓道位置，同时在填土外围垒起相同高度的石墙基，以保护内部填土，至一定高度后对局部进行夯打，再向上封土至一定高度后对石墙范围内整体进行封盖夯实，

防止雨水渗透，最后使整体封土包住外围石墙，完成封土墓葬的营建。墓葬内部除对局部填土进行夯打外，无明显分层。

墓葬多由地上封土和封土下墓室组成，个别小型墓地表未见明显封土。封土平面多近圆形或圆角梯形，剖面均呈覆斗状，局部被取土破坏，但未见明显的塌陷现象。大型墓边长（直径）20～42、高 2.7～6.9 米，小型墓边长（直径）6～18、高 0～1.2 米。

大型墓分为长方形竖穴土坑石室墓和圆形穹隆顶石室墓两类，目前所见除 M2 为长方形竖穴土坑石室墓外，其他 5 座均为圆形穹隆顶石室墓。大型墓均为多室墓，由墓道、主墓室和侧室构成。

小型墓分为竖穴土坑石室墓和竖穴土坑墓两类，以竖穴土坑墓为主。其中，M7～M10、M13、M14、M19～M21、M23、M41、M53 为竖穴土坑石室墓，其余为竖穴土坑墓。小型墓均

M2
Tomb M2

M3
Tomb M3

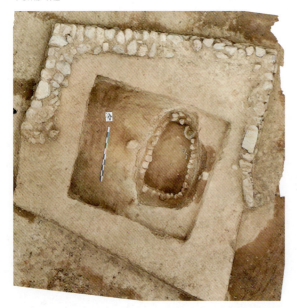

M14-2
Tomb M14-2

M28
Tomb M28

陶鸭嘴流单耳平底罐
Pottery Flat-bottomed Jar with Single Handle and Duckbill-shaped Sprout

彩绘赭面人物陶片
Pottery Shards Decorated with People with Ochre Face Painting

为单室墓，个别有墓道结构。

墓室外围多有茔墙结构，茔墙平面呈梯形，由石块和片石垒砌而成，大型墓有 1～2 圈，最多的有 4～5 圈，小型墓仅见 1 圈，有的较为规整，有的局部缺失，有的仅存一些乱石。

墓葬出土人骨多零散且不完整，葬式可能为二次拣骨葬，个别有烧骨现象，未发现葬具痕迹。部分墓室四壁和底部进行了硬化处理，个别见有铺碎石和木炭等现象。随葬动物骨骼现象较多，主要有狗、马、牛、羊等。

大型墓被盗严重，仅结构保存较好，出土器物普遍较少。小型墓未见明显盗扰痕迹，但随葬器物极少。出土器物主要有金银器、狗头金、珠饰、陶器、铜器、铁器等。金银器包括雄狮鸟纹金耳勺、植物纹金饰件、阴刻花纹银饰件、银带扣和金珠银珠等。饰件种类主要有青金石、玛瑙、珊瑚、松石、珍珠等。陶器包括鸭嘴流单耳平底罐 1 件以及若干彩绘赭面人物陶片，这是青藏高原地区首次发现。铜器包括镜、铃、杯、勺、锥状器、鎏金铜覆面等。铁器可辨器形有箭镞等。另有漆皮残片、贝类制品、纺织物、擦擦以及石质黑白围棋子等。提取检测分析人体标本 40 份、动物标本 100 份、测年标本 50 份、土样标本 80 余份。

墓葬形制和出土遗物均显示当雄墓地具有唐（吐蕃）时期文化特征，结合 ^{14}C 测年结果判断，墓葬年代为 7～9 世纪，属唐（吐蕃）时期文化遗存。

当雄墓地考古发掘是近年来在西藏境内首次对结构完整、形制复杂的唐（吐蕃）时期大型封土墓进行正式、大规模考古发掘工作，具有重要意义。

第一，地处唐蕃古道上的当雄墓地考古出土的石质黑白围棋子、雄狮鸟纹金耳勺、漆皮残片、纺织物等显示出其与中原文化和周边其他地区考古学文化特征的相关性，展示了早期文化的交往、交流、交融。

第二，当雄墓地保存较为完整的封土墓葬形制和出土的雄狮鸟纹金耳勺、陶鸭嘴流单耳平底罐、石质黑白围棋子、珠饰等随葬器物，均为进一步了解西藏唐（吐蕃）时期的考古学文化面貌、丧葬制度等提供了重要的实物资料，同时对于研究唐王朝与吐蕃关系史及探讨物质文化交流史等具有重要意义。

（供稿：李林辉　扎西次仁）

雄狮鸟纹金耳勺
Gold Ear Pick Shaped
in Male Lion and Bird

金饰件
Gold Ornaments

金饰件
Gold Ornaments

圆形银饰件
Round Silver Ornament

银片饰
Silver Flake Ornaments

绿松石金耳坠
Turquoise Gold Earring

缠丝玛瑙、红珊瑚珠饰
Sardonyx and Red Coral Beads

玛瑙、绿松石珠饰
Agate and Turquoise
Beads

鎏金铜覆面
Gilt Bronze Mask

铜铃
Bronze Bell

铜锥状器
Bronze Cone-shaped
Object

铜镜
Bronze Mirror

铜戒指
Bronze Ring

石围棋子
Go Stones

M6
Tomb M6

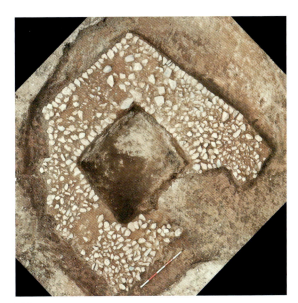

M32
Tomb M32

M7
Tomb M7

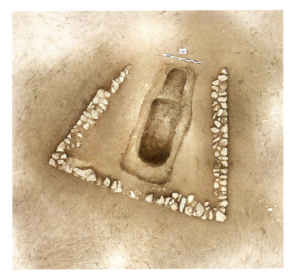

M17
Tomb M17

The Damxung Cemetery is located at Dangqu Neighborhood Committee in Dangquka Town, Damxung County, Lhasa City, Tibet. From 2020 to 2021, the Tibetan Cultural Relics Conservation Institute and others conducted rescue excavations at the cemetery and uncovered 6 large earthen mound tombs and 30 small earthen mound tombs. Tombs mainly consist of the above-ground earthen mound and the underground tomb chamber. Large tombs are mainly rectangular vertical earthen shaft stone chamber tombs or round stone chamber tombs with the dome-shaped ceiling; small tombs are vertical earthen shaft stone chamber tombs or vertical earthen shaft pit tombs. Unearthed artifacts include gold and silver wares, potteries, bronzes, ironware, etc. The excavation of the Damxung cemetery, which dates from the 7th to the 9th centuries of the Tang (Tubo) Period, provided material data for further understanding the archaeological culture and funeral system of Tibet during the Tang (Tubo) Period, also laid significance on the study of the history of Tang-Tubo relations.

隋仁寿唐九成宫 4 号殿遗址

THE NO. 4 HALL IN THE SUI DYNASTY RENSHOU PALACE AND TANG DYNASTY JIUCHENG PALACE IN LINYOU, SHAANXI

隋仁寿唐九成宫是隋唐两朝前后共用的一处避暑行宫，素有离宫之冠的美誉，遗址位于今陕西省麟游县城区。1978～1994 年，中国社会科学院考古研究所陕西第一工作队对该遗址进行了调查，初步探明了宫城遗址的范围、形制与布局，共发现建筑遗址 23 处，随后陆续发掘了 1 号、2 号、3 号和 37 号殿遗址，对整个宫城的形制布局和建筑特点有了初步认识和研究。

2019～2021 年，为配合九成宫文化广场基建规划项目，中国社会科学院考古研究所陕西第一工作队对隋仁寿唐九成宫 4 号殿遗址进行了发掘。本次发掘主要对 4 号殿遗址本体西部进行了揭露，发掘面积约 2300 平方米，出土各类遗物 590 余件。同时以局部解剖形式对殿面、西慢道和殿西院落进行了探查，明确了隋、唐两朝的建筑内容和结构差异。

4 号殿遗址位于九成宫遗址的西南隅，东北距天台山脚 30 米（属碑亭景区），地理坐标为北纬 34.67684°，东经 107.7891°。现地表距隋代殿基散水 5.4～6.2 米，遗址地层保存较好，自东北向西南渐趋增厚，基本可反映遗址的沿用、废弃和变迁过程。

4 号殿遗址坐北朝南，方向 354°。初建于隋代，唐代沿用隋代殿基并整体有所抬升，外围有增建和扩建。殿体由殿阶基、西慢道、殿面础石和殿基周匝散水四部分构成。因 4 号殿是依托天台山南面阶梯台地而建，殿北侧地平高于殿南侧。以西慢道北侧为界，殿基台南部外凸，散水面低于殿北散水约 3 米。

殿基主体现揭露东西长 27、南北宽 25 米，自南石砌散水至殿面高 4.2 米。从建筑构材、夯土层理和殿西、南两面破损裸露的断茬等观察分

4 号殿本体（上为西）
Main Body of the No. 4 Hall (Top is West)

黏附有白灰皮的陡板石
Ashlar Block Adhered with Peeling White Plaster

基台南侧
South of the Foundation

东南院落唐代陶水管道及晚期淤泥堆积层
Pottery Pipelines of the Tang Dynasty in the Southeast Courtyard and Siltation Layers Formed in Late Periods

殿北部台基砖壁
Brick Wall on the Hall's Northern Foundation

4 号殿西南叠砌的太湖石及晚期淤泥
Stacked Taihu Stones in the Southwest of the
No. 4 Hall and Siltation Formed in the Late Periods

础石
Stone Column Bases

析，4 号殿基可分隋、唐两期，唐代部分叠压于隋代之上。隋代殿基主要由散水、基台台壁和内里夯土组成，散水和台壁皆为石材砌筑，石材为当地所产的麻绿色砂岩。同类石材皆切割整齐划一，外表打磨光滑平整。自西慢道南壁绕殿西、殿南台壁自下往上皆以四层地栿石、陡板石、隔身版柱和压栏石相间拼合包砌。其中最上层地栿石、隔身版柱和压栏石外表皆以隐地起突和线刻兼施的手法，雕刻有精美繁缛的缠枝唐草纹图案，由对称的叶蔓为构图单元，上下或左右相连，线条流畅活泼，规整而不显单调。因唐代增建部分的包覆和叠压，隋代西慢道北侧、殿基台壁以及殿面柱网布局等结构暂不明确。

唐代增建部分包括垫高抬升的基台、殿面和西慢道。慢道西端往西、南、北三面皆出有平台，其中平台南、北、东侧皆以砖包砌，显示殿西或有相关配属建筑。

唐代以隋代石构殿基为基础，对殿基和慢道进行整体抬升。抬升部分主要由夯土构成，起夯自隋代压栏石（殿北侧为地栿石）同高水平的旧夯茬，增筑部分高约 1.5 米。发掘显示，唐代增高的基台外壁以条砖包砌而成，现存殿基台北壁高 2.2 米。台壁包砖磨砖对缝，砌筑整齐，残高 1.2 米。殿基台西侧、南侧因宋代采石挖砖受损严重，后又遭洪水侵蚀，局部淤有泥沙，保存状况不佳。殿面柱础石现存 14 块，皆为方座覆盆式，其中 8 块处于原位，南侧 6 块因洪水冲刷移位而呈现出倾斜、陷落等状态，其中一块上刻"杜"字。从现存柱础分析，唐代殿面面阔九间，进深三间，东西长 38、南北宽 25 米，殿基高 4.2 米，应是一座高等级台式殿堂建筑。

唐代殿基外倒塌堆积中还发现大量散落的白灰墙皮残块，南侧基台所砌陡板石上尚黏附有白灰皮三或四层，表明唐代殿基陡板石面都是以白灰装饰的。这可能是唐太宗矫正隋室奢华弊政在建筑上的反映，是魏征《九成宫醴泉铭》中所言"粉壁、涂泥"的历史见证。

自发掘区西北绕经殿南，4 号殿外唐代早期地面下潜埋有两道并行陶排水管道，呈西北—东南向斜穿过 4 号殿西南，部分叠压于隋代散水石上，应属唐代宫内增加的引水设施。

发掘过程中，还发现一座叠压于 4 号殿之上的院落遗址。该院落由殿堂、东西厢房和南北院墙构成，南北长 34.3、东西宽 25 米。殿堂、厢房、院墙所用建筑构件的础石、砖块皆残碎，明显是挪用自九成宫遗址。从地层关系和殿堂柱网形制推断，该院落为金元时期遗存。

殿堂基址东西长 13.8、南北宽 8.4 米。现存方座覆盆式柱础 12 个，皆未移位，柱网布局完整，是一座东西面阔三间、南北进深两间的小殿。东西向中间一排柱础础位形状呈"八"字形，空间格局呈供奉一中心神、两胁侍像的宗教性建筑。

东西厢房规模相当，南北长 10.4、东西宽约 4.6 米。皆于面向院内一侧中间开门，门前安置有条石或方砖作踏步。东厢房以砖墙隔为南北两间，其内各有灶类遗存。西厢房地面有础石，将其等分为三间。

本次发掘出土了大量遗物，尤以建筑构件为大宗。石类多为隋代，以包砌殿基台的土衬石、隔身版柱、陡板石、压栏石等体量最大且保存最好。方砖、板瓦和筒瓦多经打磨渗炭工艺处理，质地坚硬，乌黑光亮，殿基台北侧所包条砖皆采用磨砖对缝砌筑。出土的鎏金铜泡钉显示了 4 号殿的华丽装饰。

4 号殿遗址的发掘是时隔 25 年后九成宫遗址考古的一项重要学术活动，有重要研究价值。结合历史文献，并从位置和地形特点分析，该殿很可能为唐高宗与武则天驻跸过的寝殿——咸亨殿。本次揭露的 4 号殿遗址本体、四围堆积和金元院落等为了解、认识九成宫的形制布局、历史沿革和废弃变迁等提供了确切信息。隋代殿基部分周匝各类石构材体量高大、厚重，保存完好，其中的压栏石、隔身版柱和地栿石所雕缠枝忍冬纹，枝条屈曲缠绕，叶瓣典雅华美，为以往古代殿堂建筑考古中所罕见，反映了南北朝至隋唐时期的石作制度的流变，为研究同时期的建筑艺术提供了实物资料。4 号殿基夯土中夹杂的卵石层、暗柱等技法为考察隋唐高台式建筑技术提供了素材。殿址尤其是四围出土的砖、瓦、石类遗物应是最后废弃塌落所形成，对这批建筑材料进行分析研究，是 4 号殿整体复原的重要元素。出土的石香炉、银簪、玻璃质残渣、鎏金铜泡钉、"开元通宝""乾元重宝"铜钱和陶瓷器等也为多角度研究隋仁寿唐九成宫的历史内涵和宫廷生活等提供了珍贵资料。

（供稿：李春林　龚国强　李菁）

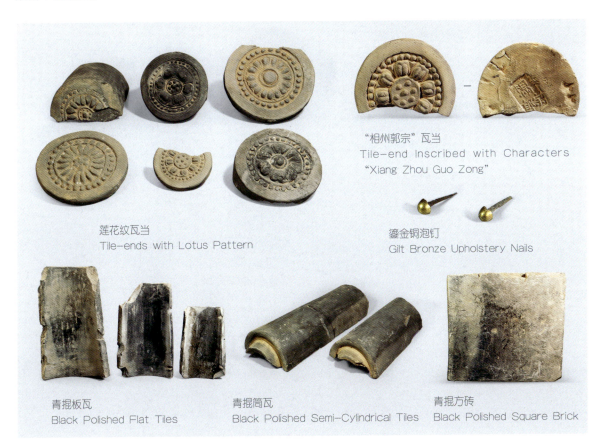

莲花纹瓦当
Tile-ends with Lotus Pattern

"相州郭宗"瓦当
Tile-end Inscribed with Characters "Xiang Zhou Guo Zong"

鎏金铜泡钉
Gilt Bronze Upholstery Nails

青掍板瓦
Black Polished Flat Tiles

青掍筒瓦
Black Polished Semi-Cylindrical Tiles

青掍方砖
Black Polished Square Brick

缠枝忍冬纹压栏石
Curbstone with Twisted Honeysuckle Pattern

象眼石
Triangle Stone (Elephant's Eye)

缠枝卷草纹石栏板
Fencing Stone with Twisted Curly Grass Pattern

"坥"字压栏石
Curbstone Inscribed with the Character "Qu"

"杜"字础石
Stone Column Base Inscribed with the Character "Du"

西慢道与殿堂衔接处的暗柱础与抹白灰壁暗坑道
Hidden Column Base and Hidden Tunnel with White Plaster Wall at the Connection Between the West Ramp (Mandao) and the Hall

The site of the Sui Dynasty Renshou Palace and Tang Dynasty Jiucheng Palace is located in the urban area of Linyou County in Shaanxi Province. From 2019 to 2021, the Shaanxi First Team of the Institute of Archaeology, Chinese Academy of Social Sciences, excavated the No. 4 Hall remains, spanning over 2,300 sq m. The No. 4 Hall is south-facing by 354°, initially built in the Sui Dynasty; its foundation was inherited and entirely raised in the following Tang Dynasty, along with additions and expansions on the periphery. The majority of the unearthed over 500 various artifacts are building components, among which sill stones, intermediate piers, and curbstones are fairly rare. The excavation provides information for understanding the structure and layout, evolutionary history, and abandonment of the Sui Dynasty Renshou Palace and Tang Dynasty Jiucheng Palace. It also places great value on studying the process of initial construction, renovation, reconstruction, and restoration of large-scale palatial buildings in the Sui and Tang Dynasties.

甘肃武威
唐吐谷浑王族墓葬群

TOMB COMPLEX OF TUYUHUN ROYAL FAMILY IN THE TANG DYNASTY IN WUWEI, GANSU

吐谷浑王族墓葬群位于甘肃省武威市西南，地处祁连山北麓，主要分布于武威市南山区南营水库以西，冰沟河与大水河中下游北岸的山岗之上。为推动该墓群的保护与研究，经国家文物局批准，甘肃省文物考古研究所联合陕西师范大学、荆州文物保护中心、陕西历史博物馆、秦始皇帝陵博物院、南京博物院、武威市文物考古研究所、天祝县博物馆等组建唐代吐谷浑考古项目组，对该墓葬群进行了考古调查、勘探、发掘及文物保护与研究工作。

2019 年，项目组发掘了武周时期吐谷浑王族喜王慕容智墓，该墓位于天祝县祁连镇岔山村，是目前发现的唯一一座保存完整的吐谷浑王族墓葬。墓葬结构为带斜坡墓道的单室砖室墓，由墓道、壁龛、封门、照墙、甬道和墓室组成。墓道底部殉整马两匹，墓道壁龛内出土陶鼓吹仪仗俑群。照墙、甬道和墓室壁上绘有门楼图、人物图及星象图壁画。墓室西侧设棺床，上置木棺一具。墓内出土大量精美的随葬器物，陶俑包括武士俑、镇墓兽、骑马俑、风帽俑、文官俑、武官俑等，陶动物有狗、羊、鸡等，漆器有盘、碗，木器有磨、叉、笙、排箫、胡床、六曲屏风、大型彩绘床榻等，另有铁甲胄、马鞍及鎏金银马具、弓、胡禄等。甬道正中出土墓志一合，志文显示墓主为吐谷浑末代国王慕容诺曷钵第三子——"大周云麾将军守左玉铃卫大将军员外置喜王"慕容智。墓志首次提及武威市南山区"大可汗陵"，墓志左侧面刻有两列利用汉字偏旁部首合成的文字，初步判断为吐谷浑文，这是目前所见依据汉字创造的年代最早的游牧民族文字。该墓葬的发现为研究后期吐谷浑王族谱系、葬制葬俗等相关问题提供了重要材料。

2020 年，项目组对南营水库以西、冰沟河与大水河流域约 400 平方公里的范围进行了系统考古调查，并对部分核心区域及墓葬疑似区进行了勘探，确认吐谷浑王族墓葬 23 座。同时，对慕容智墓出土器物进行了保护修复，并对慕容智墓木棺进行了实验室清理。木棺保存完整，棺内见人骨一具，仰身直肢。墓主身着唐代官服，头枕鸡鸣枕，挽髻，戴巾子并簪金钗，头套金下颌托，面覆丝织覆面。腰束嵌金牌饰蹀躞带，胸侧放置象牙笏板，盖丝质衾褥。身旁放置漆盘、碗、碟、筷、

慕容智墓甬道及墓室三维影像图
3D Scanning of the Corridor and Chamber of Murong Zhi's Tomb

177

慕容智墓棺盖上丝织品（第二层）正摄影图
Orthophoto of the Silk Fabric (Second Layer) on the Cover of Murong Zhi's Coffin

慕容智墓棺内墓主及随葬器物
Tomb Occupant and Grave Goods in in Murong Zhi's Coffin

马场滩 M1 墓道内殉马
Sacrificial Horses in the Tomb Passage of Machangtan Tomb M1

勺、胡瓶等餐饮器具，笔、墨、纸、砚等文房用具，漆奁、镜衣、粉盒、骨笄、木梳等梳妆用具以及嵌金匕首、豹皮弓韬、贴金花漆木胡禄等武器装备。墓主身着丝织衣物多达 14 层，包括绢、绮、绫、锦、罗、纱、缂丝等，传统丝织品种类兼备；织物纹饰有团窠纹、对狮纹、翼马纹、对鹿纹、凤纹、麒麟纹等，唐代丝织品纹样兼备；丝织品制作工艺可见夹缬、扎染、刺绣等，唐代丝织品制作工艺兼备，为国内外所罕见。

2021 年，项目组对新发现的 3 座墓葬进行了发掘。墓葬位于天祝县祁连镇长岭—马场滩区冰沟河北岸的山岗之上，坐北朝南，西距慕容智墓约 5 公里，东距青咀湾、喇嘛湾墓群约 10 公里。

马场滩 M1 出土贴银凤鸟纹漆器残片
Fragment of the Lacquerware Silver-inlaid with Phoenix Pattern Unearthed from Machangtan Tomb M1

马场滩 M2 出土彩绘木器
Painted Wooden Object Unearthed from Machangtan Tomb M2

墓葬均为"甲"字形单室砖室墓，其中马场滩 M1 还附带一侧室，甚为罕见。墓道内殉葬有 1 ～ 3 匹整马。墓室顶部均已坍塌，北侧设砖砌棺床，棺床南侧偏西设有祭台。均为单人葬，人骨散乱。墓室内共出土各类随葬器物 290 余件。从马场滩 M2 出土的开元二十七年（739 年）墓志可知，该处墓群为唐早中期吐谷浑蓬子氏家族墓地。此次发掘初步厘清了吐谷浑"大可汗陵"的范围，明晰了武威市南山区吐谷浑王族墓葬群的基本布局，进一步丰富了墓群文化内涵。墓葬的发现及墓志关于吐谷浑蓬子氏的记载，对研究吐谷浑史、唐与西部少数民族关系史、唐代军事建制等问题具有重要价值。

通过近年持续的考古工作，现可初步将武威吐谷浑王族墓葬群分为以慕容智墓为代表的岔山村区（"大可汗陵"区）、以弘化公主和慕容忠墓为代表的青咀—喇嘛湾区（"阳晖谷"陵区）和以党氏墓为代表的长岭—马场滩（"白杨山"陵区）三大陵区。墓群整体呈现出大集中、小分散的分布规律和"牛岗僻壤、马鬣开坟、地踞龙堆"的墓葬选址特征。

近三年来关于武威唐吐谷浑王族墓葬群的考

马场滩 M2 出土冯翊郡太夫人党氏墓志
Epitaph of Madam Dang of Pingyi Commandery Unearthed from Machangtan Tomb M2

古发掘和研究，取得了唐代考古中的重要发现。首次发现了唐代白葡萄酒实物遗存、木质胡床、成套铁甲胄、六曲屏风、大型木质彩绘床榻、笔墨纸砚、木列戟屋模型以及大量保存完整、种类多样的唐代丝织品，并首次确认了吐谷浑文和吐谷浑篷子氏家族墓地。从文字或实物层面生动揭示了吐谷浑民族归唐以后近百年间逐渐融入中华文明体系的历史史实，并可从中窥见归唐吐谷浑人思想观念、物质生活、文化认同等历史细节的变迁。这些重要发现为推动武威吐谷浑王族大遗址群的可持续发展和保护利用提供了重要基础，为丝绸之路文化系统的丰富和完善提供了新的研究方向，为中华民族共同体建构研究提供了典型案例，亦为"一带一路"倡议的实施提供了学术支撑。

（供稿：刘兵兵　陈国科　沙琛乔）

慕容智墓出土凤鸟、麒麟纹锦半臂
Brocade Banbi with Phoenix and Qilin Patterns Unearthed from Tomb of Murong Zhi

慕容智墓出土缠枝团窠鹿纹锦半臂
Brocade Banbi with Patterns of Twisted Branch, Floral Medallion and Deer Unearthed from Tomb of Murong Zhi

慕容智墓出土木胡人俑
Wooden Figure of a Foreigner Unearthed from Tomb of Murong Zhi

慕容智墓出土缂金丝绣花履
Gold Threads Weaved Kesi Shoes with Embroidered Floral Design Unearthed from Tomb of Murong Zhi

慕容智墓出土笔、墨、纸
Ink Brushes, Inkstick, and Papers from Tomb of Murong Zhi

慕容智墓出土金、银餐具
Gold and Silver Tableware Unearthed from
Tomb of Murong Zhi

慕容智墓出土鎏金银马具
Silver-gilt Horse Harnesses Unearthed from
Tomb of Murong Zhi

慕容智墓出土铁甲胄
Iron Armor Unearthed from Tomb of Murong Zhi

慕容智墓出土木镇墓兽
Wooden Tomb Guardian Beasts Unearthed
from Tomb of Murong Zhi

慕容智墓志
Epitaph of Murong Zhi

The tomb complex of the Tuyuhun royal family in the Tang Dynasty is located southwest of Wuwei City, Gansu Province. Tombs are distributed across hills on the north bank of the middle and lower reaches of Binggou River and Dashui River. From 2019 to 2021, the Gansu Provincial Institute of Cultural Relics and Archaeology and others conducted consecutive archaeological excavations of the tomb complex. The tomb of Murong Zhi, King Xi of the Tuyuhun royal family in the Wu Zhou Period (690-705 CE), was fully preserved, from which unearthed more than 800 various grave goods. Through the systematic archaeological survey and exploration in Binggou River and Dashui River basins, archaeologists confirmed 23 tombs of the Tuyuhun royal family, excavated 3 tombs in the Changling-Machangtan area, and unearthed over 290 various grave goods. According to the epitaph recorded "the Twenty-seven Year of the Kaiyuan Era" (739 CE) found in the Machangtan tomb M2, the tomb complex was the family cemetery that belonged to the Tuyuhun Pengzi Family in the early and middle Tang Dynasty. The discovery of this tomb complex, based on both textual and material evidence, revealed historical facts of the Tuyuhun people's gradual integration into the Chinese civilization nearly a hundred years after being unified into the Tang Dynasty. It also provided a typical case for studying the construction of the community for the Chinese nation.

宁夏贺兰
苏峪口窑址

SUYUKOU KILN SITE IN HELAN, NINGXIA

苏峪口窑址位于宁夏回族自治区银川市贺兰县苏峪口国家森林公园内西北侧约10公里处的中缸窑子，东距银川市约40公里，海拔1954.1米。2017年，宁夏文物考古研究所在进行贺兰山东麓古代文化遗存考古调查时在中缸窑子东、西两侧山坡之上发现窑炉13座。2021年7～11月，宁夏文物考古研究所联合复旦大学对一座窑炉（Y1）进行了正式发掘，发掘面积500平方米，发掘揭露出丰富的作坊遗迹，主要包括窑炉1座、瓷土粉碎石10个、存储坑6个、贮泥池1个、辘轳坑2个、釉料缸3个、配釉草木灰坑1个、瓷土坑4个、柱洞2个、活动面3层，清理了厚逾2米的废品堆积，出土大量类型多样且高质量的精细白瓷与青白瓷。

窑炉位于发掘区东南山坡上方，为马蹄形半倒焰馒头窑，窑顶残，采用条石垒砌，由风道、火膛、窑室、烟囱及两侧挡墙等组成，残高2.9、窑尾宽2.6米，方向263°。火膛位于前端下坡处，平面呈三角形，采用匣钵与耐火土烧制的粗大炉条搭置炉栅，低于窑室，东壁宽1.84、北壁宽1.67、南壁宽1.5米，深0.7～0.8米。窑室平面呈前窄后宽的梯形，底部平坦，铺有细沙。窑尾有两个烟囱，平面近椭圆形，由窑后壁近底部通出后垂直向上到达地面。挡墙位于窑室两侧壁的前端，垂直于两侧壁，为低矮石墙。窑壁外侧均有明显的加固修砌痕迹。

作坊遗迹位于窑炉以北，主要由瓷土粉碎石、瓷土坑、贮泥池、辘轳坑、釉料缸等构成，基本可复原完整制瓷工艺流程。其中，在发掘区的西

北角有两组安放平整、周边有石块砌护的大石块，表面有多个砸击形成的圆形凹窝，应是瓷土粉碎石，该区域应为瓷土粉碎区。此外，地层中还出土多块侧翻粉碎石与石杵等。

成型区位于窑炉的北侧，有2处。成型区1偏北，采用南、北两道石墙与东边的山体断坎形成一个近于封闭的空间，内有辘轳坑1个、瓷土坑3个、配釉草木灰坑1个。辘轳坑旁边有以平整石板铺就的地面，表面残留有细腻的浅色土，当是瓷土堆放与拉坯成型区。此区出土有石臼、石杵与石磨棒等工具。成型区2位于成型区1南侧，紧邻窑炉，南、西侧各有一道石砌挡墙，其内采用石板铺面，表面残留较多瓷土与石英砂，有辘轳坑1个、瓷土坑1个、釉料缸1个，应是成型与上釉共用。

在窑炉及拉坯成型区的西侧自东向西（由上坡向下坡）有三道南北向石砌护坡，两两护坡之间用石块与匣钵隔成共7个近长方形的功能区。此区域发现坑6个，其中在H2与H3的底部发现有大量的细石英颗粒，判断这批坑的性质当是原料存储坑，作为作坊的重要组成部分，承担了原料存储、晾坯、仓储等功能。

活动面位于窑炉与存储区之间，从地层关系判断，Y1至少经历了3个使用阶段。

窑炉的西南下坡处是废品堆积区，出土了大量的瓷器产品、窑具及烧结块、填塞块等。

苏峪口窑址出土的瓷器产品分为细白瓷与青白瓷。器类较丰富，以碗、盘、盏、碟等日用器为主，亦有花口瓜棱罐、圈足钵、盘口瓶、执壶、梅瓶、

玉壶春瓶、香插、盒、瓦及骑马俑、马等。每种器类又有多种器形，如执壶以垂腹为主，亦有圆鼓腹、橄榄腹、瓜棱腹等多种造型。以素面为主，见有少量出筋、瓜棱及篦划等装饰。胎色洁白，胎质细腻坚致。通体施釉，釉色洁白或白中泛青，尤其是积釉处呈湖绿色，釉层均匀，釉面莹亮，玻璃质感强。

窑具以匣钵与填塞块为主，其次是垫饼，偶见支烧具。匣钵均为直筒形、高矮、大小不一，胎色洁白，胎质较粗。填塞块形状不一，用于匣钵上下与左右的固定。垫饼均呈薄圆形，胎质较粗。支烧具呈直筒形。火照多呈钩状。器物使用匣钵装烧，碗、盘类器物多为匣钵内多件叠烧，即涩圈仰烧，器物内底有涩圈，最顶部一件满釉，质量亦最佳；瓶、壶、罐类高大器物则使用匣钵单件装烧。器物与匣钵之间均使用垫饼。匣钵之间用釉封口。

窑址内出土的典型器包括高圈足碗、瓜棱深腹罐等，在器形、装饰工艺、胎釉特征等方面均与北宋晚期至南宋早期的湖田窑相似，故可初步判定苏峪口窑址的年代为西夏中晚期。

苏峪口窑址的发掘具有重要意义。第一，本次发掘揭示了一个全新的窑业类型。宁夏地区宋金时期最著名的窑址是灵武窑，产品的胎呈灰或灰黑色，胎质较粗，釉为化妆土白釉和黑釉，器形包括扁壶、棒槌状梅瓶，流行粗刻花装饰，具有浓郁的草原粗犷豪放的风格。而苏峪口窑址的产品以不施化妆土的精细白瓷为主，瓷胎中高硅低铝且三氧化二铁含量极低，胎釉配方中大量使用石英，在中国制瓷史上绝无仅有，其胎与釉在目前发现的两宋时期瓷器中最白。典型器物包括花口瓜棱罐、垂腹执壶等，基本不见纹饰装饰，以造型与釉色取胜，其文化面貌及审美与灵武窑迥异，亦与北方地区的定窑等白瓷窑场在釉色上有较大差异，是一个全新的窑业类型，可称为"贺兰窑"。

第二，为西夏宫廷用瓷找到了烧造地。苏峪口窑址烧造的产品与西夏王陵、贺兰山地区的西夏离宫遗址等出土的精细白瓷基本一致，可确定其是西夏宫廷用瓷的烧造地，具有西夏"官窑"的性质。

第三，发现了包括瓷土矿与石英矿（原料）、煤矿（燃料）、水源、窑场、运输路线等在内的完整窑业布局，揭露了宋金时期完整的作坊遗迹，

Y1 全景（西—东）
Full View of Kiln Y1 (W-E)

理清了窑场基本布局、窑炉结构等窑业信息。作坊遗迹包括了从瓷土粉碎、存储、拉坯、上釉、晾坯到烧成的完整制瓷序列，可基本复原贺兰窑的制瓷工艺流程。

第四，首次较全面地揭露了贺兰窑以及西夏宫廷用瓷的基本面貌与特征。苏峪口窑址的产品种类较为丰富，除碗、盘外，还大量烧造高质量的壶、瓶类器物；胎釉质量上乘，以浅白的胎体上施以莹润的白釉最具特色，在国内同时期的窑业中独树一帜。

第五，首次在浙江上林湖以外地区发现了大规模用釉封口的匣钵。苏峪口窑址发现的匣钵大量用釉封口，不仅产品胎釉质量高、釉面莹润，而且在产品的特征上亦与秘色瓷相似，不施纹，以造型与釉色取胜。

（供稿：柴平平　朱存世　郑建明　李苗苗）

Y1 火膛（东—西）
Firebox of Kiln Y1 (E–W)

辘轳坑 2
Windlass Pit 2

配釉草木灰坑
Pit of the Wood Ash for Making Glaze

釉料缸 1
Vat for Glaze 1

成型区 1 石砌瓷土坑
Stone-built Porcelain Clay Pit in Molding Area 1

瓷瓜棱罐
Porcelain Melon-
shaped Jar

瓷花口瓶
Porcelain Vase with
Scalloped Rim

瓷玉壶春瓶
Porcelain Yuhuchun
Vase

瓷花口碗
Porcelain Bowl with
Scalloped Rim

瓷高足碗
Porcelain Stem Bowl

瓷香插
Porcelain Incense
Holder

瓷碟
Porcelain Dish

瓷器盖
Porcelain Lid

匣钵
Saggar

The Suyukou Kiln Site is located at Zhonggangyaozi, about 10 km northwest of the Suyukou National Forest Park in Helan County, Yinchuan City, Ningxia Hui Autonomous Region. The site was discovered in 2017. From July to November 2021, the Ningxia Institute of Cultural Relics and Archaeology, partnered with the Fudan University, excavated the kiln Y1 and uncovered copious workshop remains in a 500 sq m area. The kiln is the horseshoe-shaped semi-downdraft kiln built with strip stones, consisting of the venthole, firebox, firing chamber, chimney, retaining walls on both sides, etc. The workshop remains involved porcelain clay crushing, storing, throwing, glazing, and drying, reflecting a relatively complete process of porcelain making. The products of the Suyukou Kiln Site are mainly fine white porcelains without slip and decoration, representing a brand-new type of kiln industry and preliminarily being identified holding attributes of official kilns of the Western Xia.

西安曲江新区
新小寨元代赵氏家族墓地

ZHAO FAMILY CEMETERY OF THE YUAN DYNASTY IN
XINXIAOZHAI, QUJIANG NEW DISTRICT, XI' AN

2021 年 4 ~ 11 月，为配合基本建设，西安市文物保护考古研究院在位于西安市曲江新区新小寨村西侧的项目用地范围内发掘古墓葬、灰坑、窑址、古井等各类遗迹 250 余处。发掘区西邻长安南路，北邻雁展路。其中，在发掘区中部发现了一组共 9 座元代墓葬，平面分布大致呈南北两排，由西北至东南依次排列，北侧一排 6 座，南侧一排 3 座。墓葬均坐北朝南，形制有阶梯墓道砖室墓、阶梯墓道土洞墓和竖穴墓道土洞墓三种。根据出土的文字资料，推定这 9 座墓葬为元代赵氏家族墓。

M45（上为西）
Tomb M45 (Top is West)

M40（上为北）
Tomb M40
(Top is North)

M44（上为北）
Tomb M44
(Top is North)

M42（上为西）
Tomb M42 (Top is West)

三种墓葬形制分布较为规律，阶梯墓道砖室墓仅 M45 一座，位于墓地西北角，墓葬上部被早期生产建设活动破坏，残深仅 0.5 米，墓葬上部结构不详，残存部分由阶梯墓道、砖砌封门、甬道和砖砌墓室四部分组成，甬道及墓室四壁满涂白灰，在墓室四壁残存有壁画人物形象。墓室后部有 L 形棺床，分别置东西向和南北向木棺各 1 具。该墓共出土各类随葬器物 79 件（组），其中铜器和陶俑、陶明器等置于墓室南部，瓷器、三彩器、金银器和玉器、铜镜、铁刀等多出土于棺内。在墓室东南角出土朱书买地券 1 件，保存情况较差，据残存券文可知，墓主或为元代质子军千户赵伯杰，葬于元世祖至元四年（1267 年）。

阶梯墓道土洞墓规模相对较大，分布于墓地中西部，包括 M46、M40、M38 和 M44 共 4 座，由阶梯墓道、过洞、天井、砖砌封门、土洞墓室和壁龛等部分组成。

M40 为北侧一排第二座，原为砖室壁画墓，在二次下葬之前进行了改扩建，拆除了墓室顶部和东、西两壁，向东、西各扩出约 0.4 米，墓室南、北两壁现存高约 1 米的砖墙，砖墙内满涂白灰，其上有壁画残留，北壁后龛两侧可辨绘有两着裙站立的人物形象，人物两边为豆青色帷帐，人物仅存腰部以下。墓内共葬棺 4 具，人骨保存较差。该墓出土陶俑、陶器、三彩器、瓷器、玉器、铁器等随葬器物共 161 件（组），其中陶器、陶俑大部分堆积

于后龛内，其余器物分布于棺四周和墓室前部两侧，封门北侧有铁犁 1 件，应起镇墓作用。

M44 为北侧一排第四座，土洞墓室前部的东西两侧和后壁中央各有一龛，墓室内共置木棺 2 具。随葬器物多位于左右两龛内，包括陶俑、马、三足炉、仓、簋、簠和三彩炉、瓜棱瓶等，墓室前部正中有瓷高足杯，两棺之间放置由陶俑、陶马和陶车组成的成套的车马出行队伍，在后龛发现一对瓷梅瓶和陶烛台、墓龙。墓室封门上方出土 "元故兴平尉赵公墓铭" 一合，墓主名赵镐，卒于延祐七年（1320 年）。据墓志，赵镐祖父为质子军千夫长赵伯杰，父为武略将军、葭州知州赵仲容，子赵睿，赵镐紧邻其父赵仲容之墓而葬。

竖穴墓道土洞墓规模相对较小，包括位于北侧一排最东侧的 M42、M39 和南侧一排东侧的 M43、M47 共 4 座，由竖穴墓道、砖或瓦砌封门和土洞墓室组成，仅 M42 有后龛，其余无龛。

M42 紧邻赵镐墓，墓主或为赵镐之子赵睿，由竖穴墓道、砖砌封门、土洞墓室和后龛组成，墓室正中有一棺，为烧骨葬。随葬器物置于木棺两侧，包括瓷梅瓶、瓷碗、陶俑、陶马、陶簋、陶簠等共 45 件（组）。

根据 M45、M44 两座墓葬出土的纪年材料，可以认定该处为元代赵氏家族墓地，墓地西北部墓葬时代最早，向东南时代渐晚，较早时期墓葬修建较精致、规模较大、随葬器物较多，东部几

座竖穴墓道土洞墓时代较晚，修造较粗糙、规模较小、随葬器物较少。墓地中多座墓葬有二次下葬和重修、扩建痕迹，部分人骨为烧骨葬。除M45、M43外，其余墓葬内多有镇墓类遗物出土，其中M40墓室前部正中出土有铁犁、铁牛各1件，其余墓葬均出土有五方五色镇墓石。

9座墓葬共出土各类随葬器物500余件（组），以陶器为大宗，另有瓷器、三彩器、铜器、金器、铁器、玉器、石器等。陶器主要有簋、簠、仓、方壶、三足炉、单孔灶等仿古陶器类，盆、匜、盘、盏、碗、烛台等日用生活明器类，车、马、骆驼等车马出行类，牛、羊、鸡、狗等家禽类，男、女侍俑，以及墓龙，共六大类。瓷器30余件，包括酒具、茶具和其他生活用器等，器形有梅瓶、玉壶春瓶、碗、盏、碟等，釉色有青釉、白釉、青白釉、酱釉等，经初步鉴定，瓷器窑口包括南方的景德镇窑、龙泉窑、湖田窑以及山西霍州窑、陕西耀州窑等。另有三彩器数件，器形包括枕、盘、香炉、瓜棱瓶等。玉器约10件，有透雕鸳鸯玉饰、透雕松鹿佩饰、阴刻回首鹅形牌饰等。

新小寨元代赵氏家族墓地墓葬排列清楚，传承有序，为宋元时期流行的贯鱼葬。9座墓葬贯穿了有元一代，序列完整，是继"元代刘黑马家族墓"之后元代家族墓地的又一重要发现，为研究元代家族墓地布局提供了重要资料。墓葬基本未被盗扰，墓葬信息完备，墓主身份明确，内涵丰富，包含多种葬制、葬俗和丰富多样的随葬器物，为研究元代关中地区中小型墓葬的葬俗、葬制、随葬器物形制与组合提供了可靠参考。朱书买地券和墓志材料对墓主赵氏一族的有关记载，亦为研究元与宋、金之间的战争史及元代移民问题等提供了新资料。

元代赵氏家族墓出土各类瓷器30余件，形制多样，涉及窑口众多，因有朱书买地券和墓志作为年代界定，使其具有标型器的作用，不仅有助于认识元代的瓷器烧造工艺和用瓷制度，更为了解元代社会生活和区域贸易等提供了珍贵资料。

这批墓葬出土各类人物俑近百件，以男俑居多，以立俑为主，另有骑马俑等，部分立俑手部、肩部或腋下见有持物，带有浓厚的生活气息。从服饰观察，陶俑多着传统的汉式冠服，少部分为具有髡发习俗的少数民族形象。除人物俑外，还有陶出行车马、驮物马、骆驼、鸡、狗、猪、羊等动物。这些不仅反映了元代随葬制度与习俗，更体现了西安地区元代汉人中下层官吏阶层的思想与对地下世界的认知。

（供稿：朱连华　郭昕）

M40 墓室北部（南—北）
Northern Part of the Tomb M40 Chamber (S-N)

M40 墓室西南部瓷器出土情况（东—西）
Porcelains in the Southwest of the Tomb M40 Chamber in Situ (E-W)

M46 出土陶俑组合
Assemblage of
Pottery Figures
Unearthed from
Tomb M46

M44 出土陶马车
Pottery Chariot Unearthed from Tomb M44

M46 出土陶仓组合
Assemblage of Pottery Granaries
Unearthed from Tomb M46

M45 出土陶三足炉组合
Assemblage of Pottery Three-legged Burners
Unearthed from Tomb M45

M40 出土瓷碗
Porcelain Bowl Unearthed from
Tomb M40

M46 出土玉饰
Jade Ornament Unearthed
from Tomb M46

M44 出土三彩瓜棱瓶
Tri-Color Pottery Melon-shaped
Vases Unearthed from Tomb M44

M40 出土瓷碗
Porcelain Bowl Unearthed from
Tomb M40

M40 出土陶动物组合
Assemblage of Pottery Animals
Unearthed from Tomb M40

M40 出土陶马
Pottery Horse Unearthed
from Tomb M40

M40 出土陶戴帽女侍俑
Pottery Female Figure
Wearing Hat Unearthed
from Tomb M40

M40 出土陶男立俑
Pottery Standing Male
Figure Unearthed from
Tomb M40

M40 出土陶牵马俑
Pottery Groom Unearthed
from Tomb M40

M46 出土陶墓龙
Pottery Tomb Dragon (*Mulong*)
Unearthed from Tomb M46

From April to November 2021, to cooperate with the capital construction, the Xi'an Municipal Institute of Archaeology and Conservation excavated on the west side of Xinxiaozhai Village in Qujiang New District, Xi'an City. Archaeologists discovered a group of nine Yuan Dynasty tombs in the central excavation area. Tombs were roughly distributed into south and north two rows and arranged from northwest to southeast, with six tombs in the north row and three in the south. All tombs are south-facing, structured in three burial types: brick-chamber tomb with the stepped passage, earthen cave tombs with the stepped passage, and vertical shaft earthen cave tombs; over 500 pieces (groups) of unearthed grave goods including potteries, porcelains, tri-color potteries, bronzes, goldwares, ironware, jades, and stone tools, etc. According to the unearthed textual artifacts, these nine tombs were identified as the Zhao family cemetery of the Yuan Dynasty. Given these tombs' orderly arrangement and complete embodied information, the excavation offered essential data for studying the funeral custom, funeral system, and features and combinations of grave goods of small- and medium-sized tombs in the Guanzhong region during the Yuan Dynasty.

陕西靖边

清平堡明代遗址

QINGPING FORT SITE OF THE MING DYNASTY IN JINGBIAN, SHAANXI

清平堡遗址位于陕西省榆林市靖边县杨桥畔镇东门沟村，是明代长城体系中的一座营堡，属延绥镇统辖。明长城延绥镇部分共设置 36 座营堡，分为东、中、西三路。清平堡隶属于中路，始建于明成化年间，清代康熙时期平定噶尔丹之后被废弃。由于清平堡位于毛乌素沙漠范围内，因此废弃后迅速被黄沙掩埋，之后基本未受人类活动破坏，较好地保存了原本的布局和结构，能够完整地反映长城本身的主要功用，也体现出长城建筑在中华民族和中华文明的形成发展过程中所起的作用。

2020 年 4 月，当地群众在清平堡内取沙土

中心楼南侧街道两侧建筑（上为西）
Building Complexes on Two Sides of the Street on the South of the Central Building (Top is West)

包括居室（内有火炕）、碾房的院落建筑
Courtyard Complex with Bedroom (*Kang* Bed-stove Inside) and Mill

时，发现了数尊彩绘泥塑神像，还有砖砌墙体、铁香炉、磬等，其中香炉铭文记载其为嘉靖时期由清平堡驻军军官捐赠铸成。随后，陕西省考古研究院对该处进行了抢救性发掘，揭露出一座名为"显应宫"的城隍庙。显应宫为一座长方形院落，坐北朝南，院墙南北长60、东西宽25米，总面积约1500平方米，由照壁、大门、院墙、戏台、东西侧殿、正殿及寝宫等部分组成。整座院落布局清晰，沿中轴线对称分布，井然有序。这批建筑房屋顶部已经坍塌，墙体保存较好，残高约2米，最高处约3米。在院内出土了较多琉璃瓦、鸱吻等建筑构件。在显应宫的门厅、东西侧殿、正殿内均发现有彩绘泥塑神像，目前共发现30余尊。这批神像接近真人大小，造型生动，色彩鲜艳，与关中地区明代城隍庙画像十分接近，带有明显的关中、中原地域特征。

在显应宫的东侧，揭露出一座平面呈长方形的砖砌高台，是清平堡中心楼的楼台部分。中心楼是一座营堡的规划中心，一般为一座高台楼阁式建筑，高台下设"十"字形四出券洞，向四方延伸分布四条街道，将营堡分为四个区域，堡门即位于街道上。清平堡的中心楼仅存台体部分，顶部建筑完全损毁。台体平面原呈方形，边长12米，南侧又进行了二次增建，增建部分长5米，现总体呈长方形，南北长17、东西宽12米。台基为夯土包砖结构，夯土含沙量大，质量较差，夯土顶部被破坏，四面包砖被风沙侵蚀严重，西、北两侧尤甚，台体东侧

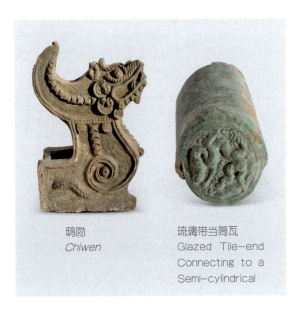

鸱吻
Chiwen

琉璃带当筒瓦
Glazed Tile-end Connecting to a Semi-cylindrical

中心楼航拍（上为西）
Aerial Photograph of the Central Building (Top is West)

中心楼（南—北）
Central Building (S-N)

临街的小型商铺类建筑
Small Storefronts

包砖部分整体倒塌。台体顶面不存，残高 4.5 米。台体西侧北部有砖砌登台踏步，可直通台顶。台体下设四出券洞，但均已被风沙填实，东、南、西三侧券洞口砌砖封堵。中心楼东、南、北三侧券洞均与通向堡门的街道相连通，西侧券洞向西的街道被显应宫占压。

在中心楼东、南街道的两侧清理出分布密集的小型砖砌房屋建筑遗迹，只残存下半部分，分成若干院落。院落之间或以砖墙间隔，或以小巷间隔，单个院落面积约 100 平方米，均包含有一间或数间房屋和一个小院。单间房屋面积约 10 平方米，房内基本都有砖砌火炕，约占房内面积的一半，是典型的北方建筑风格。院内有碾房，是典型的农耕文化遗存。未发现厕所和水井等遗迹。街道两侧的房屋在临街的一侧外设有小月台，为三瓣蝉翅结构，推测月台正上方对应的是房屋窗户，此为当地民间商业活动场所常见的建筑格局。这部分院落房屋应为当时堡内普通居民住所，居民在此进行日常的生活、生产与贸易活动。

截至 2021 年底，考古工作人员已对显应宫内的 10 尊泥塑神像进行了初步清理与加固保护，神像均为木骨泥胎，表面施以彩绘。这批神像属于典型的明代城隍庙内泥塑造像类型，身份有城隍、阎罗、判官、小鬼等。在正殿城隍塑像上的颜料有 3 层，第 1 层和第 2 层均在白色地仗层上施彩绘，第 3 层是用白色纸代替地仗层，在纸上施彩绘。侧殿发现的神像表面均只有一层彩绘。彩绘所用颜料均为常见的矿物颜料，在彩绘的基础上又采用了贴塑、沥粉堆金的装饰手法。清平堡遗址考古发掘出土的器物主要以建筑构件为主，主要为青砖，另有筒瓦、脊筒等构件，还有一部分日用器，主要包括各类瓷器残片，釉色有青花、白釉、黑釉等，时代为从明代中期的成化年间至清代早期的康熙年间。

根据遗迹叠压关系判断，显应宫、中心楼均有早、晚两期建筑。显应宫正殿神像的彩绘颜料显示该神像在初次修成后，又经过两次重饰，侧殿神像则是一次修成之后未再加重饰。在显应宫院内出土有一通石碑，碑文记录了万历二十六年（1598 年）时任延绥镇副总兵的杜松主持重修扩建显应宫，在嘉靖年间也有过一次重修。碑文内容与考古发现的遗迹叠压情况相符，并给出了对应的具体时间。目前发掘的遗迹均被厚 2～3 米的沙层埋压，整个营堡内也基本被沙层覆盖，反映出明清小冰期时代当地干冷的气候环境，风沙肆虐是一种最常见的自然现象。

清平堡位于沙漠地带，周边环境并不像其他营堡一样有较多适于耕作的土地，但其处于一处东西向槽形地带内，这个区域正是东西交通的咽喉位置，反映了清平堡最初选址的目的就是控扼交通进行军事防御。城郭的修建是中原农耕文化的体现，也是一种军事防御的建筑形式。沙层掩盖下的清平堡基本完整地保存了原始的布局和结构，是一个明长城营堡格局的较好范例，十字街道中央建一座高台楼阁式的中心楼，这是商业性市场的代表性布局，这样的布局不见于政治性的城镇中，如北京，但延绥镇的三十六营堡均是如此，表现了当时长城沿线的商业贸易活动之兴盛。这种建筑布局与形式，反映了清平堡兼具了军事和贸易双重功

显应宫航拍（上为北）
Aerial Photograph of the Xianying Palace (Top is North)

能。显应宫建筑所体现出的中原文化特征与民居建筑中体现出的北方文化特征，反映了发生在长城沿线清平堡内的文化交流和民族融合。

清平堡废弃于康熙年间，当时蒙汉两族处于同一政权治理之下，作为军事防御的长城及其营堡就不再具有存在的必要。明清鼎革之后，很多营堡都改变功能，成了当地县乡一级行政机构驻地，继续发挥着聚落的作用，只有清平堡很快被废弃，并掩埋于黄沙之下，这也体现了清平堡浓厚的军事色彩。

清平堡，既是当时长城两侧军事对垒的前沿，更是文化交融之所在，也是民族融合的发生地。清平堡遗址的考古工作，对于研究明代长城两侧经济互动、文化交流、民族融合的方式与过程具有重要意义。

（供稿：李坤　于春雷　张亚旭）

彩绘泥塑神像
Painted Clay God Statues

彩绘泥塑小鬼像
Painted Clay Imp Statue

彩绘泥塑判官像
Painted Clay Statue of the Judge of Hell

临街建筑三瓣蝉翅结构月台
Platform of the Storefront with the *Sanban Chanchi* (Three Cicada Wings) Structure

显应宫内部（南—北）
Interior of the Xianying Palace (S–N)

The Qingping Fort is a Great Wall fort under the jurisdiction of Yansui Town during the Ming Dynasty. It was quickly buried in the desert after being abolished in the early Qing Dynasty, thus avoiding human interferences and being well-preserved in its original layout and structure. After being discovered in April 2020, the Shaanxi Provincial Institute of Archaeology conducted a rescue excavation of the fort site. The remains dating to the Ming Dynasty have been uncovered, such as City God Temple, the central building, streets and small residential courtyards. Unearthed artifacts include painted clay god statues, stone steles, various architectural components and articles of daily use, etc. The found remains and artifacts demonstrate evident military or commercial features and embrace cultural elements of Central Plains or the northern area, providing important materials for studying economic and cultural exchanges and ethnic integration in the Great Wall area during the Ming Dynasty.